悪霊の手口を知って
追っぱらい術を
こっそり伝授

悪霊おだまり!

美川献花
又の名を 深見東州

たちばな出版

本書は、『悪霊おだまり!』(平成七年五月に弊社より刊行)を改訂した『自分でできる悪霊退散』(平成十二年十月弊社より刊行)を一部改訂し、あらたに『悪霊おだまり!』として発行したものです。

はじめに

本書のテーマは、悪霊《あくりょう》封じである。周囲にウジャウジャいる悪霊を寄せつけず、生きていく方策を紹介したものである。

ところで読者の皆様は、悪霊はどこから生産（？）されるとお思いだろうか？それをまず知っておく必要があると思う。

実は、ほとんどの悪霊は、私たちと同じく人間として一度は地上に生きていた者たちであり、その時（生前）に欲深く、利己主義《エゴイスト》に、あるいは人を憎んだり怨んだり、平気で他人を傷つけ苦しめて生きていた、地上の悪人たちなのだ。

そんな彼らが死後、霊界に行って悪霊となったのである。だから霊界には、地上に今いる悪人×何千・何万年分の悪霊のストックがあるのである（もちろん改心すれば、悪霊ではなくなるが）。だったら、もう悪霊だらけではないか！と思われるだろう。ところが、それ程恐れることはないのである。というのは悪霊、邪霊は確かに多いが、所詮は人の心と行ないの、弱いところにつけ込んでくるものでしかないからだ。

ところで私は、人と悪霊の関係は、病気と病原菌の関係に似ていると常々思っている。

たとえば結核菌だ。つい五十年前には結核は死病と言われたほど、恐れられた病である。結核菌は、今でもそこら中にウヨウヨいる。レントゲン検査を受けて、肺に小さな結核病巣の跡があることを医者に言われる人は多い。つまり結核菌に少し蝕まれたのだが、ほとんどの場合はその人の白血球などが働いて、発病することなくやっつけてしまうのである。

けれども、稀にものすごく栄養が不足している人や過労の人に、結核は発病する。現在では治療が確立しているから医者にかかれば死ぬことはないが、病気そのものはなくなってはいないのだ。

しかし、このように結核菌がいるからといって、ただただ結核菌を恐れても意味はない。体力を維持し、栄養を摂取していれば、何ら恐れることはない。よしんば結核にかかってしまっても、すぐに治療を受ければいいだけのことなのだ。

悪霊を退散させるのも同じ理屈だ。確かに、世に悪霊はウヨウヨしているし、ちょっと霊能がある人なら、見ようと思えばいくらでも見える。けれど、それだけのことだ。

あなたが、悪霊に簡単につけ込まれない心の状態を保っていれば、悪霊はつけ込めずに、スゴスゴと退散するしかない。これは、先の結核の例でいえば、菌にやられぬ体に相当する。また、自らを向上させるような本当の学問をたえず積み続けていれば、高貴なる神性と人格の基礎が確立し、心の状態が揺らがなくなる。これは、先の結核の例でいえば、体力を維持できる栄養をとり続けることに相当する。すなわち、自らの念と心と行いを正すことで、悪霊と感応する自分をおさえこみ、悪霊を退散させることができる。

だからこの本は『悪霊おだまり！』というタイトルだが、内容はあなた自身が強く、正しく、美しく生きるべき道を書いている。そのようにみなさんが努力すれば、自然に悪霊はあなたを避けて行くだろう。

そうすれば、みなさん一人一人は自分を高め、神様により愛されていくことになる。

巷には、悪霊について書かれた本が本当に多い。悪霊図鑑なんて本も売れているという。私なども、年中救済除霊《きゅうさいじょれい》（救霊《きゅうれい》）をして、何千万体の悪霊を霊界に帰してきたから、書こうと思えばいくらでも書ける。しかし、みなさんにそういう悪霊通になってもらおうとは思わない。

ただ、神様の望まれるように、みなさんが人としてなすべきことをしていただきたい。そうすれば悪霊はあなたには近づけないし、来たとしてもひとにらみするだけで、自分で追っぱらえる。

そのようにキチンと生きていれば、悪霊を気にする必要はなくなる。それどころか、神様が愛《め》でられて、力を与えて下さるから、大いなる幸運が、黙っていても向こうからやって来るのだ。その方法を説いた本書は、悪霊に悩む人々への福音書であると同時に、一般の人々がさらなる幸運をつかむ起爆剤になることだろう。

美川献花

悪霊おだまり！　——　もくじ

はじめに……………3

第1章

こんな人が悪霊にやられる……………15

第2章

怠け者の悪霊たち、おだまり！

第4章

短命おだまり！

こんな人が
悪霊に
やられる

第1章

あなたを狙う悪霊の手口をあばく!

悪霊に魅入られる一ダースのタイプ——名門中学の少女三人の会話——

悪霊といえば、背後霊とか憑依霊《ひょうい》、先祖霊に生霊《いきりょう》、動物霊として狐《きつね》に狸《たぬき》に蛇《へび》の霊。変わったところで古井戸霊《ふるいど》とか木霊《もくれい》などもある。こういうたぐいの知識は、あらためてお話しするまでもなく、今日の中高生や若者達は実に良くご存知だ。

少し前になるが、中学生の女の子三人の会話を電車の中で聞く機会があった。制服から判断して、そこそこの偏差値を誇る受験実績のある学校で、顔立ちとか話しぶりを見ても、遊び人や不良という感じではない。

その彼女達だが、最初のうちの話題は、なんとテレクラで男をだました自慢話であった。だましたといっても他愛がない。まず、駅の近所でテレクラの宣伝用ティッシュを手に入れる。手に入れるもなにも、新宿であれ池袋であれ、女性とみれば下は七歳から上は六十歳ぐらいまで、ティッシュマンはがむしゃらにティッシュを手渡してくるのだから、駅前を通り抜ける間に二個や三個はもらえる。

そして、それぞれ公衆電話から、テレクラに電話するという。すると、たちまち誰かしら男が飛びつく。「今どこにいるの?」「新宿西口」「何歳?　OLさん?　学生さん?」「二十二歳、OL一年目よ」とか。

ともかく女性に飢えた相手の男に、デートの約束をするのだそうだ。それでどうするか。その少女は、新宿アルタ前に男を呼び出す。赤いマフラーを首に巻いて、とか、真っ紅なバラを花束にして持って来いとか、ごく目立つ目印をつけさせてだ。

そして、男が現われるのを女友達といっしょに待ち受け、見つからないように見物する。男の間抜けづらを離れた所から確認する。それで、笑う、と。

そういうことを、延々としゃべるのだ。

名門少女は超能力大好き、悪霊をペットにする

ひとしきりその話題が盛りあがったあとで、霊界と超能力の話になった。

ひとりは昨夜、幽体離脱し、東京湾のレインボー・ブリッジの上に立って橋の

上を見ていたという。そうしたらスポーツカーが一台走ってきて、バイクをはね飛ばして、バイクの男は倒れて血をドクドク流して死んだ。それで「チョー恐かった」そうである。

もうひとりは、金縛りにやられてウンウン言っていたら、すごい意地の悪い顔の男が枕元に立った。それでニタニタ笑っていて、あれは、地縛霊に違いないという。

その後、ひとしきり男子の評判になり、あいつはデブだから狸霊だ、いや豚霊だ、いやだー豚霊なんて、深見東州は書いていないとか、まあにぎやかなことだ。それで、アタシ愛されるかわいい悪霊ならペットにしたい、そうだ、そうだ、と来た。

霊能者として神霊世界のお取り次ぎをすると共に、教育者でもある私は、暗たんとした気持ちになってしまった。しかし、こうした若者は、この子達だけではないのだろう。

よく言われるように、物質至上主義の西洋型文明に、多くの日本人は行き詰まりを感じている。そこで精神的価値が求められるのはいいが、このでたらめな霊界ブームはなんなのか。悪霊をモルモットか仔犬のようなものとして、観念の中でもて遊び、超能力、超常現象を完全に遊び道具にしている。

弟子も私も、随分と著作やセミナーで正しい霊界知識を広めて来たつもりだが、それがこの程度なのか、と。

そこで、私は、この本を緊急に出版する必要性を痛感したのだ。つき動かされた、と言ってもいいほどだ。（平成七年・編集部註）

先に紹介した、一見無邪気な少女達は、かわいそうに自分達がすでに悪霊に憑《つ》かれていることに気づいていない。その恐ろしさは当然知らない。しかし、彼女達の遠慮のないおしゃべりは、少女達の口を借りた悪霊のおしゃべりだ。そのあざけり笑いは、悪霊の高笑いなのだ。

私はそこで、少女達を黙らせるために、悪霊を黙らせることに決めたのだ。それが、本書を刊行するにいたった動機だ。

日本の若い「悪霊おたく」や「悪霊フリーク」が、この本を読んで、その危険さを知り、正しい霊界法則を知って、正しく生きてほしいと思う。だが、若い人達をそうさせているのは、もちろん大人の責任だ。親は子の鑑《かがみ》とはまさにその通り。親がそうだから子もそうなってしまったのだ。だからもちろん、各年齢層の大人達にも読んでいただくことを期待する。

というわけで、悪霊の基礎知識からお話ししてみよう。

悪霊の好物〈1〉——怠けマン

悪霊というのは、中にはものすごく強くて巨大なものもいる。家代々に憑いた怨み霊とかたたり霊などは、私が救霊《きゅうれい》（愛念とご神霊《しんれい》とが宿《やど》った和歌《わか》や長歌《ちょうか》を数首、数十首と連続して詠う言霊《ことだま》救霊《きゅうれい》により、憑依霊《ひょういれい》を悟らせ、浄化《じょうか》し、そしてご神霊《しんれい》に許しをいただき、本来、居《い》るべき霊界へ送るもの）をするにしても、生きるか死ぬかの対決になることがたまにある。けれど、ほとんどはそれほどでもない、いわば取るに足らない霊である。それでも、運を悪くする原因になることはまちがいない。やはり取っておくに越したことはないのである。

先にちょっと紹介したように、悪霊といってもいろいろだ。強弱それぞれで、ある人の先祖に皆殺しにされたたたりの霊などは、その人に一生涯つきまとって、スキを狙っている。ただし、ここで気がついてほしいのだが、かなり執念深く悪霊としてパワフルなものでも、スキがない人にはなかなか取りつけないということだ。

スキのない人とは何か。日に日に向上を目指し、忙しい充実した毎日を送っている人である。そして周囲の人に愛され、自分の利得よりもみんなの幸せを優先するように生きる人だ。こういう人は神様にも、多くの人にも愛される。魔がさせばスキもできるだろうけれど、巧妙な魔もなかなか入り込めないわけだ。先祖代々のたたり霊にすれば、一番やりにくい相手だ。

ところが一番楽な相手がいる。ありとあらゆる悪霊の、幼稚園クラスの弱っちい悪霊にまで憑かれ放題に憑かれるタイプがいる。それはどんな人かといえば、怠けぐせがひどい人だ。

勤勉を誇る日本人に怠け者が少ないかというと、どうしてどうして決して少なくはない。他の国の人よりは少ないかもしれないが、それでもかなりいる。私の見るところ、三割ぐらいの人はこの部類に入るのではないだろうか。

動物霊はかわゆいか？

動物霊の代表的なものは、狸《たぬき》霊、狐《きつね》霊、蛇《へび》霊などである。中高生の霊界マニアの少女達の間では、動物霊というのは大した人気らしい。しかし、この連中を、日本昔ばなしのアニメの登場キャラクターみたいなものだと思ったら大間違いだ。サラリーマンになって、接待などで水商売の世界の裏表がわかるようになると、私が本などで語る動物霊のイヤらしさ、汚らしさがわかるのだが、若いみなさんはそういう世界を知らないので、どうもかわいく思えるらしい（水商売や風俗産業には、多かれ少なかれ動物霊がたむろしている）。

そこで動物霊がどんなものか、イメージを知ってもらうためには、狐と狸の現実の暮らしぶりを動物園に見に行くとよい。それも暑い時期に、狐や狸のオリの前にだ。

実に臭い。おまけにハエがブンブン飛んでいる。「狐の巣」なんて、西洋では臭くて不潔なものの代名詞になっているぐらいで、とても五分も近くにいられるものではない。狐霊とか狸霊というのは、現世の狐、狸のエッセンスみたいなものだから、その臭さ、汚さは現物以上なのである。

狐霊、狸霊でも大物の九尾の狐などになれば、魔物だから恐さはいちいち言わなくてもわかるだろう。なにしろ体長十メートルというのも結構いるぐらいなのだから。

けれども、ちっちゃな狐霊とか狸霊ですら、それくらい汚く嫌なものなのだ。くれぐれも、ペットになどと思わないでいただきたい。どうしてもしたいというなら、実物の狸でも狐でも蛇でも家の中で飼ってみてもらいたい。三日以内にお父さん、お母さんに捨てられるに決まっている。こんな臭い霊は、怠け者を好んで寄ってくる。

ちなみに、怠け者の人のところに一番先に来るのは狸霊だ。これは既に知っている人も多いことだろう。ここに詳細は記さないが、こうした霊の特徴を知りたい方は、『神界からの神通力』（深見東州著／たちばな出版刊）をご参照いただきたい。

悪霊の好物〈2〉——傲慢《ごうまん》マン

怠け者は何事につけ消極的だ。だが傲慢《ごうまん》な人の場合、積極性をもつから性格的には反対になる。しかし、この傲慢な人というのも、実に悪霊にやられやすいのだ。

傲慢な性格というのは、人生のある段階までに一定の小成功を収めた時、またはそれが重なった時に形成される。自信が過信になり、人を人と思わなくなる。経営者だったら下の人の意見を聞かず、社員だったら同僚の意見を聞かない。

これは己自身の学問、教養のなさを知らないだけの人間であり、世の中、世界には自分よりも優れた人物がいっぱいいる、ということを、実感できない愚か者の陥る状態と言える。

ところで、こういう人は、まずおだてに弱い。つまり苦言を言ってくれる人を近寄らせず、おべんちゃらを言ってくる人をまわりに集めたがる。そこで、大きなスキを作ってしまう。先祖代々の怨念霊やたたり霊は、これを待って出動するのだ。

まずオベンチャラ人間（こういうのは狸とか、狐など下等霊が憑いた人が多い。行きつけのクラブの支配人なんていう怪しげな人物でも、相場師でもいい）を使って、この傲慢氏の実績・経歴をさんざん礼讃する。それでいい気持ちにさせておいて、デリバティブとか先物取引を持ちかける。で、大損させるのである。

家代々のたたり霊の常套《じょうとう》手段がこれだ。傲慢になった人間というのは、驚くほど自省心が失われる。競馬などギャンブルに大金を突っ込んで負け、サラ金に手を出して墓穴を掘るのもこのタイプが多い。この場合、サラ金業者というのは、相手が金を払えるかどうかかまわずに大金を貸す。サラ金業者に先祖代々の怨みの霊が憑いて動かすこともしばしばある。

傲慢な人は絶対に反省しないから、悪霊にとってはこれほど食いやすい相手はない。謙虚でさえあれば難を避けられるのに。

悪霊の好物〈3〉——欲深マン

傲慢な人間と並んで、最近目立つタイプだ。大体、傲慢な者と欲深な者とがあまりにも増えたのでバブルが盛り上がり、悪霊達がそれぞれにせっせと空気を入れ、しまいに、はじけさせられたのがバブル崩壊だといってもいいくらいだ。日本経済の戦後最大のピンチが、傲慢と欲深に対する悪霊の勝利によって引き起こされたことを、日本人全体はおおいに反省すべきだろう。直接には悪霊の仕業だといえるが、神様は、バブルの崩壊を通じて、その精神性に反省を促していらっしゃるのだ。

欲に目がくらむというが、例えばNTTの株式公開以降の株ブームがあった。家庭の主婦が証券会社に列を成して、一株三百万円近い株を抽選で分けてもらったのがつい数年前。それが今や一株七十万円台だ。最近も、JT株が売り出されてすぐに大幅に値を下げることがあった。損をする人も損をする人だと思うのだが、そのくらい欲をかく人も多いということだ。投機の世界あたりに、悪霊は今だに跋扈《ばっこ》している（平成七年当時・編集部註）。

ではどうすればやられないかといえば、無欲であればいい。

「奥さん、今は主婦の株式投資が流行ですよ。お隣も買ってるし、お隣なんかNTT株でもう百万儲けてますよ。ダイヤでも金でも買えます。金の先物なんてどうですか」

「でも私、そんなに儲けてもしかたがないから。ダイヤなら、主人が結婚記念日に買ってくれたのがあるから、欲しくないの。だから買わないわ！」

これでおしまいで、損することもないのである。

つまり、あなたにつけ入ろうとした悪霊は、やむなくあきらめて帰っていくのである。もっとも、帰って行くといっても、他のどこかの欲深き獲物（人間）を求めてさまようのだろうが……。

悪霊の好物〈４〉――愚痴るマン

愚痴っぽい人も、いやになるほど見かける。アフターファイブのオフィス街のそば屋なんかで、中年サラリーマンがボソボソやっているのは、大体上司への不満と愚痴だ。やり方に文句があるなら、意見書なりを出して言えばいい、といっても、こういう人に積極性、根性はない。ダメ上司とケンカしてでも、会社の理非を正し業績を伸ばそうという気もない。ないないない尽くしだから愚痴っているだけなのだ。

愚痴っぽい人は、その愚痴のゆえに悪霊はつけ込んでくる。その秘密のはずの愚痴が、上司に筒抜けになったりするが、それを進言するのも悪霊かそのエージェントなのだ。

「愚痴山君！　昨夜は愚痴川君と、私の悪口で盛り上がったそうじゃないか。今度は僕も混ぜてくれたまえよ。早速今夜どうだね」と。

その席で、硫黄島支店長を拝命されたりすることになる。

なぜこういうことになるかと言うと、ふたつの原因がある。まず覇気がなく、会社を良くしようとして争う気もない。そして、自省心がなく自分だけが被害者のつもりでいる。悪霊というのは、こういう弱い人、弱いけれども伸びようともしない人を見ると、もっと落とし込めてやろうとする本性がある。それは悪霊自体も、元々、そういう後向きのマイナス思考の塊だからである。

ところで、その愚痴るマンの愚痴を霊眼で見ると、口からスモッグをはいているように見える。つまり汚く、暗い霊域をその人の愚痴の言霊《ことだま》（言葉）によって周囲に作り出すので、悪霊にとって実に心地よき場所となるのである。だから次々と悪霊たちは寄って来るのである。

悪霊の好物〈5〉――絶望マン

絶望した人は、悪霊が好き放題にコントロールする。とは言っても、自殺させて大体それで終わりになる。自殺した人というのは、まず絶望した人だ。

古い知人で三年前に自殺した人がある。この人は、郷里の近くで首吊りに失敗し、それでわかったのだが、その前に東京で二回、大阪で一回自殺未遂を重ねていたという。しかもその後、五度目の正直で本当に自殺を遂げてしまった。もしかしたら七度目か、十度目の正直だったのかもしれない。

後から聞いてみると、自殺にいたる絶望の理由というのは、別居していた妻との関係を修復できず、間にできた子供と会わせてもらえないからだという。

なんとでもなることではないか。それでも、驚くべき執拗さで死んでいったのだ。何度も死にそこねたということは、神様、守護霊のお力もかなり働いて、絶望の淵から甦えるチャンスがあったということだ。それでもこうなったということは、よほど悪霊が強く働きかけたということである。

最近、いじめによる中学生の自殺が相次いでいる。この報道を聞くたびに、私は成人して自殺した知人の死の、何倍も何十倍もの怒りと憤りを感じる。教育者の一人としても、神霊界の取り次ぎ役としても、すべての子供達を「絶望」の淵から救ってやれない自分に対する憤りである。

悪霊の好物〈6〉――退廃マン

一時、茶髪とかいって髪を染める若者が多かった。髪を染めたら退廃とはいちがいに言えないかもしれないが、「世の中なんてよー」とか、「一生懸命なんてダセーよ」などと言いはじめたら、やる気と情熱をもたないから、これは退廃というしかない。

若い人が既成の秩序に反抗したがるのは、いつの世にもあることだ。荒縄を腰に巻いて裸馬に乗り、馬鹿のふりをして、天下をあざむいていた若き日の織田信長もそうだった。しかし、ただ退廃を気取っているのとはわけが違う。その後の歴史をひもとけば一目瞭然である。

退廃だけの若者は、いいところ、ヤクザの下働きぐらいしかできない。コンサート会場の外でダフ屋をやるぐらいが関の山。そうなるように悪霊は働きかける。退廃を売り物にする若者は、ほとんどが自分の怠け心を世の中全体のせいにしているだけにすぎない。

阪神大震災の救援ボランティアに、私の主宰するワールドメイトの若者も多く出かけたが、他にもくだんの茶髪の若者、金髪の若者も大勢出かけていたと聞く。私はそれを聞いて嬉しかった。自分より不幸な目にあった人のため、少しでも役に立ち向上させてあげようという心根が、多くの若者に生まれたからだ。

退廃を気取るのがすべて悪いとは言わない。しかし、所詮は遊びの余技だ。それにとらわれて世間に斜めでいるだけでは、前記した、愚痴るマンと同じ運命をたどることになることだろう。

悪霊の好物〈7〉――無気力マン

欲ばりも嫌だが、無気力はもっと嫌だ。何がいやといって、無気力な人というのは、あの下等な悪霊よりも、もっと無気力だからだ。

無気力な人というのは、怠け者と同じく、横着者のタヌキ霊などから見たら、最高に楽で快適な住いだ。何故なら、人にくっついた霊は、その人間と同じ感覚と快感、体験ができるからだ。だから、横着者の人間にくっついていれば、楽～な生活が送れて、しかも大食いしてくれるのでお腹は満たされるというわけである。そして、お腹が出て来たり、よく居眠りするので、すぐバレてしまうのだが……。

日本の中学生、高校生に無気力マンが増えているのはとても気になる。向上心とか、なんでもいいから興味を持たせるとか、積極的に生きるやり方を教え導くことが、彼らにとって急務となっている。これは神意《しんい》でもある。

悪霊の好物〈8〉——暇マン

「小人閑居《しょうじんかんきょ》して不善をなす」とは、中国の古典『大学』の一節だ。暇になるとなぜ不善をなすかといえば、他に考えることも為すこともないからだ。

だいたい人間というものは、よほど真の学問と教養がない限り、金と暇があるとろくな事を考えないものである。最初に紹介した一節は、まさにその状態を言っている。

もちろん金が無くても、何の努力も向上欲もなく、寝ころがっていたり、テレビをずーっと見ていたりと、暇をもてあましている人は多い。

暇だということは、真に情熱を燃やす目標もないから暇でいるのである。本当に目標を持っていたなら、一分一秒もボーッとしていたらもったいなくてしようがないハズである。

それがないボーッとした状態は、同波動の暇なボーッとした浮遊霊などが簡単にくっついてくる絶好の対象物となるのである。

このことについては、『吾輩は霊である』(夏目そうしき著/たちばな出版刊)に詳しく書いているので、そちらをお読みいただきたい。

悪霊の好物〈9〉——怨みマン

これは簡単にわかると思うが、怨みをもつ者は怨み霊の現世バージョンだ。

両者は波長がバチッと合うから、「一目あったその日から……」という感じで、両者は相思相愛となる。どうなるかというと、怨みマンが怨み霊にそそのかされて「あの野郎、気に入らねえ」となぐり倒した相手が、実は怨み霊がたたろうとしている人物だったりする。つまり、怨みマンとは怨みの霊の言いなりになっているのだ。

考えれば、霊がたたろうとする相手を、どうして何の関係もない現世の人間がなぐらなければならないのか。真実のところ、現世で「怨む」「怨まれる」者同士は、前世で逆の立場だった不仲関係が必ずある者たちなのだ。しかし、人をなぐったその罰は、現世でも霊界でも怨みマン本人が負うことになる。

怨みを忘れない執念深い人というのは、怨み霊と波長が似ている分だけ、感応してひどい被害をうけることになる。だから怨み心をいつまでも持っていては、きわめて危険なのだ。

悪霊の好物〈10〉――エゴマン

エゴといっても、新潟名物のエゴ（海藻食品）ではない。自分勝手、我が強い人――エゴマンは、他の人のために生きようと露ほども考えないから、何をやってもうまくいかない。

傲慢な人間と似た構造で、我欲を満たしてあげるような甘言には実に弱い。エゴマンは同時に我欲のかたまりでもあるから、儲け話には実に弱い。

こうして、たたり霊から狐、狸霊まで集まってきて、魂と運気を食い散らかされる。また商売をやっても、最初に少し儲けることはあっても最終的には絶対に成功しない。大体、自分の顔に「私にだけ、儲けさせてください」と書いたような人が、ビジネス相手に歓迎してもらえると思ったら大間違いだ。

悪霊の好物〈11〉──悩みマン

我が師匠である植松愛子先生の言葉で、「悩みは闇よ」というのがある。悪霊、邪霊は光が嫌いで、まさに闇の子だ。だから闇が好きなのは当然で、心の暗闇たる悩みのあるところにくっついてくるのだ。

悩みというのは、どこか恰好が良い。悩みが一個もない、なんて言うと、脳天気で知性が足りないかのように思われてしまう。太宰治以来の戦後文学の伝統だ。

しかし、言霊でみると「悩み」は「な・ヤミ」に通じる。人間、心が成長する時には、悩みがつきものなのだが、その悩み事を払拭できずいつまでも囚《とら》われていると、内面のヤミをめがけて悪霊が寄ってくる。だから、いつまでも悩んでいるのはいけない。大いに悩んでみて、それでも自分で解決がつかなかったら、「もう捨てた！」と、キッパリと諦めることである。悩みをスパッと解決する妙法については、『3分で心が晴れる本』『解決策』（ともに深見東州著／たちばな出版刊）に詳しいので参照されたい。

悪霊の好物〈12〉——執着マン

人は放っておくと、地位や名誉、お金に異性に……と執着する。

それらを持たないものは、欲しい欲しいとあがき、持ったら持ったで離したくないと苦しむ。そして思いは重いといわれるように、地獄に落ちる（通ずる）重大要素だ。

妻子ある男性との恋に溺れた女性が、周囲の誰の忠告も聞かず、不幸になるのは目に見えていても一途に思い続ける姿は、まさに執着心以外の何物でもない。

この執着の心を離せば、すぐに別の素敵な異性が出現するかもしれないのに……。

霊眼で見ると、執着は黒雲となってその人を覆っている。その黒雲によって作られる地獄界には、悪霊が次々寄ってきて不幸になっていく。

反対にスッキリ、さわやかで心に囚われがない人は、明るい金色の光に包まれている。そこには善霊、高級霊たちが寄り集まって来てドンドン幸せになるのである。

そんなわけで、欲の皮がつっぱって執着心が強いと、それに比例して悪霊がいっぱい寄りつき、不幸に不幸にと連れていくのである。だから、こういう（執着心の強い）人は、まず、それを消すことである。とたんに悪霊は去り、苦しみから逃れられるだろう。そして、運命はみるみる改善されていくのである。

悪霊の好物〈13〉――後悔マン

そして後悔。反省や自省は大変大事だが、後悔というのは前向きではない。過ぎたことにこだわっていると、前が見えなくなるのである。

そして後悔の心は暗い。明るく前向き、発展の幸運な霊（高級霊）とは反対だから。

暗い心には、暗い悪霊が寄ってくる。後悔するぐらいなら、忘れた方がずっといい。

悪霊の好物〈14〉——嫉妬マン

最後に嫉妬。この「嫉妬」というのは二文字とも女偏だ。昔は女性専用と思われていたが、今では男もよく嫉妬するから、新しい文字が必要なのかもしれない。嫉妬深い人に悪霊が寄ってくるのは、悪霊も嫉妬深いからだ。つまり似ている。どこが似ているかというと、他人の幸せ、他人の喜びが気に入らないのだ。そうなる理由は、愛情が欠けているからである。

考えてみよう。人に嫉妬したところで何の益もない。ジェラシーは真っ黒な念波で、飛ばされた相手は苦しむけれど、発信元の当人に良い効果がもどってくることも、まずありえない。それどころか、その自分の出した嫉妬の真っ黒な念波(不幸にする念力)は、自分自身に返ってきて、間違いなく自分自身を不幸にするのだ。

人の幸せ、喜びは、素直に自分のことのように喜んであげよう。そうすれば必ず、自分に幸運が回ってくるのである。

以上、十四タイプの、悪霊にやられやすい代表的な人間タイプを述べてきた。ここに挙げた十四のタイプに、自分があてはまると思った方もいるだろう。まあ、「時々こんな気持ちになることがある」という程度ならば、大丈夫。まずまず健全である。

しかし、「いけない、いけない」と思いながら、この十四タイプに足を突っ込んでしまい、抜け出せない人は要注意だ。

たとえば、「ああ、もう後悔するのはやめよう。くよくよするのはやめよう。でも……」と悔やみ続けていたり、「ああ、またグチを言ってしまった。もう言うまいと思っていたのに……」とグチり続けていたり。

こんなとき、自らの御魂《みたま》は警告信号を発している。

「悪霊にやられかけているぞ。悪霊の思うつぼにはまってしまうぞ」と、御魂が警告しているのだ。「いけない、いけない」という思いはその警告だ。

これがさらに進むと、怠りや増長、無気力がひどくなってしまい、御魂の輝きがくもってしまって、守護霊も近よれなくなる。そこに悪霊が乗り込んできて、巣をつくって本人の意志を操るようになる。悪霊が好きな「退廃」や「欲深」な心を抱かされるようになってしまうのだ。ここまで行くと、もはや欲望のままに突っ走るばかり。気がつけば運勢はガタガタになっている。開運とか守護霊などという以前の問題である。

こうなる前に立ち直るには、『大除霊』（深見東州著／たちばな出版刊）にも書いたように、自らの念をしっかり管理することだ。

自らの中の、良き部分だけが本当の自分だと固く信じこむ。明るく前向きで発展的で、神様みたいな自分こそが本当の自分なんだ、それ以外はマイナスの低級霊によって作られたもので、本当の自分じゃないんだ……と信じて、欲心や無気力や傲慢さからスルッと脱却する。すなわち、自らの思いや念を、自ら管理するのだ。

しかし、これは口でいうほど簡単ではない。「わかっちゃいるけど、なかなか……」と言う人も多いだろう。悪霊のほうも、弱い部分につけ込んで誘惑してくるからだ。

そういう場合は、まとわりつく悪霊をまず祓ってしまい、開運しやすい霊的環境をととのえるのが早道だ。

その手段が「救霊《きゅうれい》」（除霊）である。

文字通り「霊を除く」のだが、周囲の霊的黒雲を祓うことで、高い次元の澄みきったパワーがさんさんとふりそそぐようになる。自らの想念も明るくなって、悪い思いが出にくくなるのである。

救霊ではまた、地獄におちて子孫に頼っている先祖霊や、あなたの家を代々怨んでいるたたり霊なども救う。ちょうど、長年おもりをつけていた風船から、おもりを外したようなものだ。長年つけていた重たい霊をスッと外すと、あとはグングン空へ昇っていく。すなわち、急上昇で開運していくのである。

もちろん、人それぞれのカルマや悪因縁は厳としてあるから、救霊ですべてが解決するわけではない。しかしとりわけ、持病や家のゴタゴタ、対人関係などが驚くほどよくなったと感じる方が数多い。現在、特に問題を抱えていない方が、さらなる開運を求めて受けられることも多いようだ。救霊を受けると、神様が守りやすい霊的環境ができるから、カルマの解消も一段と早くなる。

救霊や霊界の実相については、『神界からの神通力』や『大除霊』（ともに深見東州著／たちばな出版刊）と重複するのでここでは省く。自らが先の十四のタイプにはまっていると思う方、意志の弱さや運の悪さに嘆いている方は、ぜひ救霊を受けてみるとよいだろう。

救霊でこれほど顕著な開運効果があるということは、逆にいえば、悪霊によってもたらされるトラブルや不運というものが、ずいぶん多いということだ。決して、この章の最初に書いた女子中学生のように、おもちゃにすべきものではないことがわかる。くれぐれも注意して、悪霊につけいるスキを与えぬ人になっていただきたいものである。

——救霊〈除霊〉のお問い合わせ、お申し込みは左記まで——

専用フリーダイヤル　０１２０（５０）７８３７

ワールドメイト総本部　０５５８（７６）１０６０

東京本部　０３（６８６１）３７５５

関西本部　０７９７（３１）５６６２

札幌　011（864）9522
仙台　022（722）8671
千葉　043（201）6131
東京（新宿）03（5321）6861
横浜　045（261）5440
名古屋　052（973）9078
岐阜　058（212）3061
大阪（心斎橋）06（6241）8113
大阪（森の宮）06（6966）9818
高松　087（831）4131
福岡　092（474）0208
熊本　096（213）3386

ホームページ　http://www.worldmate.or.jp/

どうしてもご都合で来られない方や、ご理解のないご家族、友人知人の救霊の場合には、その方のお写真で出来る写真救霊（その方の憑依霊を写真で見抜き、写真を使って救霊する方法――写真郵送で出来ます）もありますので、加えてお勧めいたします。

また救霊、その他の無料パンフレットをお送りしています。お気軽にお問い合わせください。

第2章

怠け者の悪霊たち、おだまり！

真に素晴らしい人は努力家である

怠け者の悪霊たち、おだまり！

悪霊は怠け者が大好きで、頑張る人が大嫌いだ。

また、遊惰安逸《ゆうだあんいつ》に生きる者が大好きで、努力家で充実した日々を送る人間が大嫌い。

また絶望や、悲しみ、退廃、消極的、無気力な人が大好きで、逆に夢と希望に燃え、進歩、向上、発展、成長する人が大嫌いなのである。

（悪霊が大嫌いな人というのは、つまり、神仏が大好きな人なのであるが……）

だから、悪霊を退散させるには、神様に好かれるタイプ、つまり精進努力を大いにする人となることである。

この第2章では、1章で紹介した悪霊の好む人間十四タイプの中の一つ、「怠け者」について、さらに詳しく具体的にお話ししてみたいと思う。

ある守護霊鑑定での出来事

「難行苦行の精神にして神々が喜びたもうものは、粘り、根気、意欲、挑戦、たくさんの問いかけである」

　これはある時私が受けた神示の一つである。神様は私たちのどんな状態をお喜びくださるのか、そう伺った時の答えがこれであった。このことを、幾つかの例をあげながら解説してみよう。

　先日、守護霊鑑定を行なった。その方は広島の人なのだが、こんな手紙が私の事務所に来たのだ。

「ぼくは日本一のアイドル歌手になりたいと思います。それで、あの人は何と運のいい人なんだ、ああいう運の強い人に自分もなってみたいなあ、あの人の成功の蔭にはあの運があったに違いないな、と思われるような運の強い人間になりたいと思います。先生、今私は本当に藁《わら》にもすがる気持ちでおります。是非、守護霊様を出して、そういうふうに運をつけてください。以上」

とか、書かれていた。しかしその上にもう一枚、手紙が入っていた。母親からの手紙でこう書いてある。

「本人はこう書いておりますけど、親としてはまったくアイドル歌手なんか反対です。是非、守護霊様にまったく違う方向へ導いていただくようにお願いしてください。私がこういう手紙を書いたのは内緒にしてください」

というわけだ。

どういうふうに答えていいのか、守護霊さんがどう答えるのか、私も非常に興味津々だった。そこで霊視で彼の守護霊さんを見たら、これが笑っているのである。「アハハハ」と。

アイドル歌手の、それも日本一のアイドル歌手になりたいと思っているという。そのために藁にもすがる思いだなんて、こんなこと頼まれたら誰でも笑い出すものだ。やはり守護霊さんも笑っていて、可愛いやつだなアーというニュアンスだった。守護霊さんは「愚か者！　ばかめ」なんてことは絶対に言わない。彼のお願いが本人なりに真面目だからだ。

それで、守護霊さんの答えはどうだったかと言うと、

「うん、君の希望を叶えてやろう。しかし、アイドル歌手が絶えずアイドルでいるのは運がいいからではない。運がいいというよりも徳分《とくぶん》（前世や今世で人を幸せにした総量・編集部註）があるからなんだ。自分の前世の功徳《くどく》、家代々の功徳、その徳分によって成功とか名声というものが長続きするようになっているんだ。その徳がなければアイドル歌手として長続きはしないんだよ。それには君はいささか徳が足りない。だから、歌手になりたいのだったら、あと三回生まれ変わってきなさい。三回生まれ変わってきて徳を磨けばきっとなれるだろう」

という噛《か》んで含めるようなものだった。

それに引き続いて、こういうメッセージを送ってきた。

「今もし歌手になろうと思えばなれるよ。しかし、徳が足りないので二年ぐらいで歌手を廃業して、友人の勧めもあってスナックのボーイ兼マスターをやるだろう。つまり従業員は君一人ということだ。それを二十五年ぐらいやるだろう。その結果、子供が二人ぐらいできて離婚して、女性と子供を悲しませて、母親に子供二人の面倒を見てもらうことになるだろう。これが君が進む先を天眼通力《てんがんつうりき》（相

手が何をしているか、将来はどうなるかを神様が霊眼で見せてくれること）で見たところの私（守護霊）の進言だ」

続けて、

「去年の春からやらなければならないことがあったはずで、それに努めて今世は徳を磨かなければいけない。二回生まれ変わったら、三度目は日本ではなくて黒人女性に生まれ変わって、ソウルシンガーとして九十歳になるまで活躍し、その間、ヒット曲四十二本出せるだろう」

この守護霊さんはずいぶん丁寧に答えてくれたものである。来世はこうであるで、と。こんなふうに、詳しく教えてくれることは滅多にないのだ。

考えても、よくそんなことを手紙に書けるなと笑いが込み上げてくるが、日本一のアイドル歌手になりたいというのは前向きな気持ちだ。幼くはあるけれど、言わば難行苦行していこうという精神が感じられる。

「どんなに努力しても日本一のアイドル歌手になりたい」

とか、

「ああ、あの人は何と運がいいんだろうとみんなが羨ましがるような運をつけてくれ」

と言うのだから、前向きで具体的にお願いしているわけだ。

だから守護霊さんもそれだけ、幼い相手にもわかるようにと、具体的に願いを叶えるための努力の方向性をちゃんと明確に示してくれたのだ。今世で足りなければ来々世くらいだね、と実に優しい。

このように、守護霊さんや神様のように、霊的ランクの高い方は、目標を高く持って頑張るぞーっ、どんなに苦労してでも頑張るぞーっと、精進努力していこうとする人に関しては、決して苦々しく思われない。可愛い、可愛いと慈しんでくださる。それで、

「うん、ちょっとまだ足りないからね、こういうふうにしたほうがいいよ」

という形で、懇切丁寧にアドバイスしてくださるのだ。

だから私たちも、それだけの気持ちを持って、何が何でもやるぞという心構えを持てば、神様はいくらでも教えてくださる。また、こちらに間違っているところがあれば直してくださる。しかし、そういう真剣さを持たなかったら、守護霊さんは全然反応なさらないのだ。

まあ、日本一のアイドル歌手になりたいと仮に思ったとしても、わざわざ私のところまでやってきて「守護霊さんにお願いしてください」という子はそうはいない。それほど切に思って行ないに出ているわけだから、いいならいい、悪いなら悪いでちゃんと守護霊さんも報いられるわけなのだ。なるほどなあ、と私はメッセージを中継しながら思ったものだ。

私たちも、夢でもいいからそれくらいの高い目標を持ってやっていかなければならない。願いの何パーセントまで達成できるか、自分ではそれはわからない。今世は無理かもしれないが、来世かその次ぐらいに結実成就する方向に向かって難行苦行する。こういう心構えが要るのだ。

そのくらいの覚悟があって努力すれば、願いが予定より早く叶うこともあるかもしれない。

七十点人間、八十点人間、九十点人間

冒頭の神示に、「粘り、根気、意欲、挑戦、たくさんの問いかけ」という一節

があるが、こんな例で説明してみよう。

人間には七十点人間、八十点人間、九十点人間がいる。

たとえば書や絵の作品に取り組む時、まだ良くなるなあと自分で思っても、まあ、こんなもんでいいや、こんなもんだろうと、出品してしまう。これが七十点人間だ。結果は七十点止まりで入選するはずがない。

文章を書いても他の仕事をしても、あるいは整理整頓とかお洗濯、お料理にいたるまで、七十点人間というのは七十点の作品しかできない。何をやっても壁を越えられないのだ。

八十点人間というのは、何をやってもある一定のラインはクリアする。しかし、天才的だとか、あるいはまた信じられないような達人だとか、芸術的なといったラインまでは絶対に行けない。

この間、亡くなった某有名俳優Ａさんの、お嬢さんの守護霊鑑定をした時のことだ。途中でＡさんの霊が、霊界から一日だけ許可をもらって出て来られて、守護霊さんのメッセージの中に自分のメッセージを書いてくれた。実に綺麗な詩を書かれる。霊界で一生懸命、詩の勉強をしているらしい。

Aさんは今、霊界で一日十時間、劇場のマスターみたいな下働きを一生懸命やっている。その霊界の修業を二十五年やったらまたランクが上がることになるが、その仕事の合間の休憩時間に詩の勉強をしているらしい。

これをお伝えするとお嬢さんは、

「そう言えば父は作詩の勉強をずっとやっておりまして、台本が気に入らなかったら、夜、何時になっても全部手直しししていたんですよ」

となつかしげに話していた。

「ああ、これは脚本家がちょっと手を抜いたんだな。本数をこなすために手を抜いたんだ」

とか言いながら手直しをやったのだそうだ。

それくらいAさんは、単なる役者としてだけでなく、演技指導でも脚本でも徹底していたわけである。それに、A企画という会社を持って、スペインとの合作映画をつくったらしい。それだけ演技でも脚本でも、いいものをつくるために凝りに凝って、納得できるまで自分を許さないでやったということだ。

杉良太郎さんも同じだ。完全な演技ができるまでに完璧に台詞を覚えて、何回でもやり直しをして、いいものができるまで徹底的にやるらしい。

今は霊界にいるAさんも、生前はマダムキラーと言われた人気者。現役バリバリ、マダムキラーの杉良さんも、男の色気だけでスターの座を張れたわけじゃない。自分の仕事に責任を持ちきる。すみずみまでないがしろにしない努力を惜しまないからこそ、大成功した。

こういう人には、悪霊ごときは寄りつくことができない。しかし、七十点、八十点人間は足りない二十点、三十点のところに、サッと潜りこんでくる。

吉川英治の驚くべき集中力と粘り

ある日、吉川英治記念館に見学に誘われたことがあった。きっと何か、神様が教えるものがあるに違いないと思い、行ってみると、果たして大いに悟るところがあった。吉川英治の文章の、源ともいえるものを私は知ったのである。

吉川英治は新聞連載原稿を書く時、まずぐちゃぐちゃと書きたいように書いたのだ。だから最初の文章は、それほどの名文というわけではない。それを、またあっちこっち文章を入れ替えて、ゲラ刷りに回す。そのゲラ刷り原稿をまた初めから、根底から覆すように書き替えたり入れ替えたりしたのだ。ゲラ刷り用紙が赤と黒のペンでぐちゃぐちゃになるくらい手直ししている。そうやって、あの『宮本武蔵』とか『新平家物語』という小説を新聞に連載したという執筆の経過が、展示された資料から見てとれたのだ。

ああ、吉川英治ほどの人でも、ゲラ刷り原稿まで何度も直すぐらいの念の入れようだったのだ、と感動した。戦後最も人気を得たあれほどの作家は、それだけの集中と粘りを作品に込めたのである。もっといいものができないか、もうちょっといいものができないか、もっと素晴らしくできないかと、創造意欲だけではない粘着的な集中力としつこさがあったのだと知らされた次第である。

先の俳優Aさんも演劇に対してそうだったのである。だから俳優としてあれだけ寿命が長く、いい演技ができたのである。生前は、とにかく芝居一筋だったという。朝から晩までやり続けて、どんなときでも諦めないで最後まで手直しを重ねながら打ちこんでいらしたからこそ、演技力も冴えていたのだ。見習いたいことである。

達人の域に達するための条件とは

そんなお話を聞くと、粘り、根性というものがいかに大切か、よくわかる。お料理もそうだ。家庭でおかずを作る場合も、まあこんなもんでいいや、というのではなくて、もっといい味付けができないか、塩味バランスももうチョイだナ……とか、もっと手際よくできるんじゃないかと、絶えず研究して最善の努力をする。とりあえずは、ある程度美味しいお料理ができれば一応のレベルはクリアされるが、それに満足せず、次はもっといいアレンジメント、もっと素晴らしいデザートを作るべく凝ってみる。さらには器、テーブルクロス、ムードの演出でより素敵な環境を作る。

それができたら、今度は合理性を追求するのだ。お料理を作りながらテキパキと片付け物をして、お料理が出来上がった瞬間には洗い物も全部済んできれいに片づいている、とそれくらいの凝り性だ。大体、男性の料理は作れば作りっぱなしで、こういう所ができないと言われている。

お料理というのは、ただ上手に作ればいいというものではないのだ。

それから、主婦の仕事にはお料理のほかにお掃除もあればお洗濯もある。もちろん主婦でも次々考えて立派にこなしている人がいる。お洗濯をやらせても抜群、お掃除も抜群、お料理をやったら美味しいだけではなくてバリエーションも素晴らしい、という理想の主婦だ。

私の師匠である植松先生がそうだ。美味しいだけでなく、一年三百六十五日毎日違う献立ができて、どれも全部美しい。色鮮やかで、季節の旬のお料理が出てくる。お料理は、作っている瞬間瞬間が勝負なのだから、手抜きがあったら、いっぺんにおしまいになる。しかも主婦のお料理は毎日毎日、朝昼晩と、一年三百六十五日続き、それが何十年も続いていく。

それを適当に手を抜いて作る人がいる一方、美味しくてバリエーションに富んでいて、美しい料理を作る人もいる。さらに、栄養のバランスも考えて、季節も考えて、色の感覚も考えて、歯ごたえまで考えて最高のお料理を作る人もいる。朝食は朝食で、お昼はお昼で、夕食は夕食というので、一年三百六十五日全部美味しく、全部バラエティーに富んでいれば、最高である。

そういうお料理ができる人は、お芝居をやっても何をやっても、達人の域まで行ける。一芸に秀でた域に達するのだ。

一口に「お料理上手」といってもいろいろで、達人になるにはすごい根気が要る。まあ、こんなもんでいいやと思った瞬間にその人は七十点人間、八十点人間になる。お料理にせよ何にせよ、技術的進歩とはそういうものである。徹底的に自分に厳しく向かえるかどうかが勝負なのだ。もっとも、御主人とか子供が、主婦に対してそこまで一方的に要求するのはどうかと思うが。

人には寛容で自分には厳しいという人は越えた人だ。

自分に厳しく人にも厳しくできる人というのは、ある一定のレベルをクリアした人と言えるが、さらに上に行くと、自分に厳しく人には寛容になる。人に寛容だということは何も言わないということではなくて、言うべき時には言い、言わなくていい時には言わない、ということだ。

言うべき時に、言うべき言い方を考えて言うということは、寛容精神がなければできないことで、たくさんの人をリードしていこうと思えば、それにプラスして管理力というものが要るようになる。何でもしつこく、人を攻撃する時にもどこまでもしつこくというのは自在性がない。あっさりする時にはあっさりとしたお料理も作れるというのが本当のお料理の達人だ。

それだけのものができるというのは、やっぱり研究力の差だとつくづく思う。「もうこんなもんでいいや」と思わない。こんなものでいいかもしれないが、もっといいものがあるんじゃないか。出来上がりを見て不満足だったから、今度やる時にはもっとよくしていこう。点数表示してみて百点満点だったか、八十点だったか、七十点だったか。今度やる時には絶対に百点満点、いや百二十点にしてみせるぞ、と反省と研究を怠らない姿勢が、自らを押し上げるのだ。

そして、「同じ失敗は二度と繰り返さない」という心構えが要る。一流のプロの料理人は、反省点や良かった点をいちいちメモしておいて自分の技を鍛えていく。家庭でもそういうふうにできる人は、本当に素晴らしい。

大切なことは、こうした努力ができるかどうかだ。

精進と言うのは、ただ単に長時間じっと辛抱しているというのではなくて、こういう気持ちのことを言う。言わば、粘り、根気、意欲をもって挑戦していくことだ。そして一つの問題点に遭遇したら、ああかもしれない、こうかもしれないと、いろんな角度から問いかけていく。塩の加減はこうしたらどうか。火加減はこうしたほうがいいんじゃないか。創意工夫していくためには、たくさんの疑問符が頭の中から出てこなければいけない。

脳ミソからピッピッピッピと、脳細胞からひらひらと問いかけが出てくるようなら、その分たくさんの答えが返ってくる。こんなもんでいいだろうと、今日も昨日と同じように過ぎていって、明日もまた今日と同じように迎えるという毎日は絶対にだめだ。

生活の中で少しでも向上しようという難行苦行の精神、それこそ神々様が喜びたもうものなのである。

粘りと根性で修得したガイド付き星ツアー

少し具体的な話になるが、前に私が行なった星ツアー（星の世界に、何人もの人の御魂《みたま》を連れて飛んでいくツアー）でのことだ。

星ツアーをご存知ない方のために、少しだけ説明しておく。神霊とはどこにいらっしゃるのかといえば、実は星に住んでいる。勿論、星といっても、現実界の部分ではない。星々の霊界部分、神界部分におられるのだ。この星世界へは、特別に許されたものだけが、生きている間に行ってみることができる。スウェーデンボルグやノストラダムス、出口王仁三郎らがそうであった。彼らは星世界で人類の過去や未来をかいま見、それを人々に紹介していたのである。しかも星世界へ行くと、星に住まう神々からの大運勢を受けられる。

星についての詳細は、とてもここでは書ききれないので、『強運』『大創運』(ともに深見東州著/たちばな出版刊)等をご覧いただきたい。ともあれ、この星世界への旅を、特別に許しを得て一般に開放していただいたものが、星ツアーである。もう何度も何度も行っている。お弟子のNさんも一通り全部の星に行っているが、私はまた誘った。

「Nさん、また星ツアーに行こう、今晩行こう。今回は木星に行くよ」

と。ところがNさんは、

「木星ですか、でも木星は何回も行かせてもらいましたから」

と言う。

まあ、それもそうだ。何回も行っているわけで、木星のことはもうわかった、もういい、と。そういう気持ちになるのは、よくわかる。

それでも私は思うのだ。木星といってもあれだけ広いんだからまだまだわからないことがあるはずだ。私など、もう何百回も行って隅々くまなく見て、神界と霊界と現実界に及ぼす木星の働きを知ったけれど、まだまだ未知なる部分があるに違いない。行けば行くほど教えられるはずだと思って、何回でも何十回でも何百回でも粘り強く行く。

今は大きな会場を借りて、千人以上で一遍に行なっているが、当時は十人程度の人数を一グループとして、一日に何回も行なっていた。ある時など、もう十八クール連続して行ったものだ。朝の十時から夜中の三時ぐらいまで、連続十七時間。休憩時間なんて十分ぐらいしかない。ほとんど十七時間ぶっ通しで祈り続けて星に飛ばし続けだ。一クールは飛び方の説明を含め一時間で月、水星、木星、金星、太陽、北極星に行って帰ってくるのに、その時間のうちで参加者全員の方に満足していただかなければならないので、これはお料理の味付けと同じだ。心から満足していただかなければ申しわけが立たないと、ホテルのレストランの料理長の心境だ。

ところがその日は、参加者の中にS学会のAさんという人がいて、「学会ではどうのこうの」と二十分から三十分話されるのだ。で、その人は「全然見えない、全然見えない」と、一人だけ、星の世界の情景が見えないことに首をかしげていらっしゃる。星ツアーは七つの星に行くことが多いので、普通は三つ目の木星ぐらいになると、ほとんどの人が慣れてきてよく見えるものである。なのに三つ目になってもAさんは全然見えない。こういう場合でも、何とか全員に満足してもらわなければならない。そこで「じゃあ、次はお月さんに行ってみよう」と行き先を変えた。月の霊層は中有界といって、平凡な人のいく地獄と天国の間の普通の位置だ。つまり、その人の霊層に合った、あまり高くないところに行こう、そうすれば見えるんじゃないかというわけだ。

そうしたら、お月さんから帰ってくる時にその人にもチラチラッと赤、緑、金のカラーで、地球儀に描かれている日本列島みたいなものが見えたのである。それだけなんだけれども、その五十代のおじさんが、「見えた、見えた、日本列島が見えた」と、喜ぶのはいいが、これがまたうるさくてかなわない。そういうわけで、なかなか次の星に行けなかった。

「霊眼で見た日本列島はこうなっている。赤と緑と金に輝いていて……」と、ただそれだけで星が見えたわけではない。星からの帰り道に見えただけなのだが、彼の人生では非常に画期的な出来事だったようだ。

そのように毎回毎回、何とかして全員に満足してもらえるようにと、これがだめならあれで、あれがだめならこれでと、私も真剣勝負だ。連続十七時間、十八回も飛んでいくとなると意識が朦朧《もうろう》としてくる。そこで私は人間はこれからが勝負だ、これからが潜在能力が出てくるんだと必死になる。それでも千日回峰行の最後の七日間の行《ぎょう》よりよっぽど楽だ、と自分を励ますのだ。

一日だけなのだから、千日回峰行と比較したら、まだ楽だという考え方に立脚してふんばり、最後までやり抜いた。しかも、最後の組では救霊までしてさしあげたのだ。我ながら、粘りと根気が勝負だと、つくづく感じた。

連れて行かれるみなさんにはわからないかもしれないが、十一回目ぐらいの飛行になると、もう頭も神経も朦朧となって、単なる使命感では続けられるものではない。そこで、私は思いついたのだ。

それまでの星ツアーでは、私は皆さんを連れていくと同時に、自らの奇魂《くしみたま》（魂の中の「霊智、霊感、ひらめき」を司っている・編集部註）で皆さんをガイドしていたのだが、もうそれでは続かない。あと何組か残っていて、七回飛ばなければいけないのだが、もう続かない。七回も飛べない、と。それで神様にお願いして参加者一人ひとりにそれぞれガイドをつけていただこうと思いついたのである。そして私自身にもガイドをつけていただいて自分も星を楽しもう、と思った。そうして、今ではガイドをそれぞれセッティングして、監督するのをやめて私も星に行って学んでいる、というわけである。

そうすると、木星に行っている時間が長くなって、自分も勉強になる。今まではチラリチラリといいところしか見えなかったのが、今度はハッキリと見え、本人が一番楽しんで帰ってくる。これなら大丈夫だ、と。難行苦行を楽しんでやれ、という気持ちになった。この境地を十一回目ぐらいにひらめいて、それから毎回楽しんで行けるようになったのだ。これが、ガイドつきの星ツアーというのを思いついた顚末である。これ以上はできないというギリギリまでやりつめたからこそ、到達し得た境地だと自負している。

それを思いつくまでは何回も何回も星ツアーに行って、連続十八回の星ツアーに挑戦するんだと言って黙々と頑張っていた。その粘り、根性があったからこそ、十一回目ぐらいに神様がひらりと教えてくれたのだ。逆に言えば、それまでは教えてくれなかったのである。

行くほどに星は探究できるもので、神様も、景色を実際に見せて宇宙の真理を教えるよりほかにない、とおっしゃる。私も何十回、何百回も行くに従い、星に行ったお土産としていろいろと宇宙の真理を教えていただいている。

そういうことでお弟子たちも、「その星は前回行ったから……」というのは本当にもったいない。どんな新しい発見があるかもしれないし、今度は何か見えるぞ、今度は何かを会得するんだ、という気構えが大切なのだ。

新しい星に行く、と言えば飛びつくが、同じ景色だとどうしても飽きてくるし、狎《な》れが出てくる。Nさんは、私の言葉で自らの狎《な》れに気付き、再び星ツアーに挑戦したわけだ。そして新たな気持ちで行ったらやっぱり、神様は同じところは見せない。過去、見えなかったところが見え、私と行動を共にして積極的に挑戦していったがために、星の主宰神《しゅさいじん》（その星を統率している神様）と会うこともできたのである。じかに神様から言葉をいただいて、今ではNさんも、それぞれの惑星の主宰神と会ってお話ができるようになっている。

自ら狎れを払拭し、意欲をふるって行ったら、それに見合うだけの神霊界の実相を見せていただける。ちゃんとガイドも知っているから、そういうところに案内してくれるのだ。行く人の意欲と霊層に合わせて連れて行ってくれる。

そういうわけで、冒頭の日本一のアイドル歌手志望者の例ではないが、やはり意欲的に向かっていくと、ちゃんと神霊に連れていってもらえるわけである。

根気と粘りが求められる救霊

根気と粘りと意欲と挑戦、たくさんの問いかけが必要なのは何も星ツアーだけにかぎったことではない。救霊でも同じことだ。たとえば私が十何時間かけて七組救霊するとか言うと、

「なんだ。救霊ってそんなに長々できるから楽な仕事なんだ」

と思われるかもしれない。しかし、ものすごい根気と粘りがなければ十何時間

かけて救霊するなんて絶対にできない。

救霊は悪霊たちにものすごく神経を使うから、私でも「もう嫌だ、救霊は嫌だ」という気分になる。たとえば、こんな具合である。会議が六時間続いた後に救霊が入っていたのだが、その日に限ってこの救霊だけはしたくないナと思っていた人が待っていたのだ。彼の実家がお寺で相当の霊障が予想されたので、「もう少し体調のいい日にやろう……」と思っていたのだが、お待ちくださっている以上、避けるわけにはいかない。かくして救霊ははじまった。

やっぱり案の定、途中でフラフラになってきた。しかもそういう時にかぎって、ものすごく強烈なたたり霊がいるのだ。途中でやめて日を改めようかと思ったほどだが、一日も早く救われたいと、すがるように私のところへ来られた方を、無下に帰すようなまねは私にはできない。目の前に座っている方のやつれた顔を見れば、何としても救ってあげたいという思いがふつふつと湧いてくる。「ままよ」とその強烈なのと対峙した。

救霊をやっている時は、胸の底から愛念が湧いてくる。しかし、私は肉体も魂も責められるから「もう嫌だーっ！」と精神と肉体が悲鳴をあげている。本当に

「もう嫌だーっ！」と体中で叫んでいるのだ。そのくらい辛い。

その強烈な霊がやっと終わった、と思ったら今度は井戸のたたりの霊がウワーッと出てきた。もうだめだということで、十分間休憩して気力を回復してから、再度チャレンジしてきれいにしてさしあげた。まさに難行苦行という他はない。神様に根気と粘りを試された、私の救霊初期の思い出である。

根気と粘りと問いかけで技術が修得される

救霊師になって救霊しようと志す人であっても、その後をみていると似たような傾向が現われる。お弟子の誰もが、最初は熱心に引き受けていたのに、いっときから救霊の申込み者が来たら、

「あっ、救霊？　私はいいです。○○さんどうぞお願い」

と人に振り向けるような姿勢が出てくるものだ。まあ、その気持ちはわからないでもない。やったことがある人しかわからないが、救霊というのは見た目よりもはるかに体力と神経を使う。おまけに私の例ほど強烈でなくても、時々神様に

根気と粘りを試されたりもする。いっとき嫌になったり、壁にぶつかったりすることもあろう。

お弟子のNさんもその状態に陥り、体調が悪くてしばらくぐずっていたことがある。それが、一念発起して救霊したらスキッとして、「救霊やります！」と、それからまた意欲的に取り組むようになった。そしてその後、粘りと根気と意欲とたくさんの問いが通じ、能力が開花して上級救霊師になったのだ。いっとき、いい線まで行ってある程度のラインを越えると、そのあと落ちてもすぐに感覚が取り戻せる。しかしやらないでいると徐々に鈍くなっていく。前世の徳分が足りなくても、やればやるほど敏感になっていって、クリアできる。

私が星ツアーで十一回目くらいにパッとガイドをつけるという方法が浮かんだように、文字や言葉では言えないような呼吸、タイミングを体得するのである。

そうなるまで粘って粘って辛抱して、根気強く意欲を持って、挑戦してああでもないこうでもないとやっていく。するとある時、その答えがパッと開くわけだ。これは救霊でも他のどんなことでも同じであり、Nさんは星ツアーの件と救霊の件と両方で一定のラインをクリアした。

得意なことはやりやすいが、不得意な面は粘って粘って粘って、「できるまで絶対やるぞ！」という気持ちがあってこそクリアできる。そこまでの辛抱と溜めが足りないと、何事も百点をクリアできない。

どんどん積極的に挑戦し、不得意さの重圧に負けないぐらいのものを自分の内面に持てば、やがては必ず、その人にしかできない何かが出てくるのである。

どんなことがあっても、意欲を持ち続ける

そういうわけで、日本一のアイドル歌手になりたいんだと意欲をもって取り組んだら、普通の人以上に年季はかかるかもしれないが、やがて必ずクリアできる。今世でできなければ来世でクリアできるだろう。それぐらいの意欲と挑戦力を持っていたら、一つひとつがどれもクリアできる。一事ができないから何をやってもだめなのだ。

そのように挑戦に次ぐ挑戦をしていって、初めて一つのことが完全にクリアできて、普通の人以上にバーが越せることになる。そうして一つがクリアできると、

次のものも次のものも、また次のものも越すことができる。乗り越えたという体験を得ているからだ。

どれもクリアできない人間は何もクリアできない。最後までクリアできずに、霊界と来世に持ち越しとなる。来世できなかったら、その次にまた持ち越しだ。

粘りと挑戦で自己の限界を越えよ

いずれやらなければいけないのなら今、目の前にあるものを早くクリアしたほうが得に決まっている。その対象は何でもかまわない。たとえばワールドメイトのMさんはギターでクリアしている。知る人ぞ知るギター演奏者の人気者だ。普通ギターなんて子供の頃からやっていたとして二十何歳まででできるものではない。朝から晩まで同じ楽器をやり続けられないものである。

それをMさんはやってのけた。そのMさん、なぜかカレーライス作りに挑戦した。カレーライスでも一種類か二種類つくったら普通、諦めるのに、どこまでも粘って粘って、ついに何十種類のカレーライスができるようになった。それはやはり、ギターでそこまで行っているから、どこまでもやり通せば、さらに奥深いものができるんだということを魂が知っているからだ。

彼の御魂の思考が、物事というものはやれば必ず完成できるもの、マスターできるものだ、というふうに方式ができてしまっているのだ。Mさんはギターでそこまでやってきたわけで、当然、前世でも何かをマスターしているのだ。

このように、「何事かをやり貫く」ということをいずれはやらなければいけないし、そこをクリアしなかったら魂は成就しない。ランクが上がらないわけだ。だから、どんなことでもいいから、そちらのほうに自分の修業のポイントを置かなければだめだ。

語学の勉強だろうが、絵の勉強だろうが、なんでもそうだが、普通の人よりスタートが遅い人は、普通の人の二倍ぐらい頑張るつもりでやることだ。そういう気持ちで向かっていったら、足りない分は守護霊さんが応援してくれ、何とかクリアできるようになる。いろいろ失敗やミスはあっても、徐々にミスが少なくなってレベルが上がっていき、やがてミスがまったくなくなって、スラスラとできるようになるわけだ。

そこまで挑戦して意欲を持たなければだめだ。もうこの程度でいいんじゃないかと、気持ちが引っ込んでしまっているようではだめなのだ。

Ｍさんとあるお好み焼き屋に行った時、本当に驚いたことがある。何に驚いたかと言うと、普通、お好み焼きのソースの上には青海苔をかけるのに、彼は「これも美味しいんですよ」と言って七味をかけたのだ。量が多くてヒリヒリしたけれど、意外に美味しかった。

「おーっ、ここで七味をかけるとは知らなかったな。私もいろいろ研究するが、これはまだ未開発の味だったな」

と私は思った。

大切なのはこの精神だと思う。まあ、Ｍさんは七味が好きなだけかもしれないが、一つのことを体験したらお好み焼きにも入れてみよう、カレーにも入れてみよう、という探究心が素晴らしいと思う。

彼はある時、七味というものをどこかで味わって感動したのだろう。

「ああ、七味って、七つの味がするんだ。北斗七星の味がする」

と言ったかどうかはしらないが、ともかくどこかで七味に驚いた〝七味少年〟が、何事にも応用してみるという精神を会得したのだ。やっぱり、この問いかけというのが大事なのである。お料理についても脳細胞を動かすというのは、やっぱり弦が何本も擦り切れるまでギターの道で貫いてきたという体験があるからに他ならない。

話は横道にそれたけれど、何事によらず難行苦行の精神で、前向き、積極的に取り組んでいかなければならない。乗り越えられるような気持ちの持ち方、想念の持ち方、体の具合を工夫し続け、すべて、乗り越えられるようになるんだと思ってクリアしなかったら、自己の限界は絶対にクリアできない。

「難行苦行の精神にして、神々が喜びたもうものは、粘りであり、根気であり、意欲であり、挑戦であり、たくさんの問いかけである」

という神示の説明が長くなったが、いかにこの精神が重要なものか、お分かりいただけただろうか。何事をなすにせよ、人生すべからくこれがないと話にならないのである。

そして怠けを知らぬ向上心の持ち主には、悪霊は手が出せないのである。

傲慢な悪霊たち、おだまり！

第３章

真に素晴らしい者は、謙虚である

悪霊は傲慢《ごうまん》な人が大好きで、そんな人間を見ると、すぐにくっついてくる。悪霊を背負って「オレがオレが」という者たち、そんな者たちが悪霊退散する方法として、この章では謙虚ということについて詳しく述べてみたい。

教祖とファンレター

私が主宰するグループ、ワールドメイトの会員さんの中に、私たちのことをずっと研究している宗教学専攻の大学教授がいらっしゃる。その方に先般お目にかかった時、面白いことをおっしゃっていた。

「ワールドメイトのリーダーのところにはファンレターがよく来るらしいですが……」

「ああ、来ますよ」

どうやら、電話室の人に電話で確認したらしい。

「いっぱい来るんでしょう」

「ええ、来ますけど」

「それですよ、それ。日本の宗教グループ、宗教団体の教祖さんの中でファンレターが来るのは、ワールドメイトだけですよ」

「ああ、そうですか」

と、私も納得した。

その方がおっしゃるには、だいたい教祖というイメージと価値観に、ファンレターは結びつかないということだ。教祖と呼ばれる人は、みんなから「教祖さまー！」と崇められているのが普通であって、ファンレターをもらうような立場にはない。そもそも信者から見てファンレターを出す対象にはならないんだ、というわけだ。

「ところが、ワールドメイトのリーダーのところにはファンレターがいっぱい来て、頑張ってくださいねと言ってくるんでしょ」

「ええ、そうですよ。でも、別にいいじゃありませんか」

「それはそうなんですけれど、そこが、私がいろいろと他の宗教を調べていても、ないところなんです」

「…………」

そこで私は思った。私はあまり気にしなかったのだが、よその宗教団体の教祖は私たちみたいではないようだ。私たちのような宗教家は珍しいらしい。

その大学教授がおっしゃるには、ある有名な宗教団体の教祖のQさんは最近、

「実は私は、宇宙一のLという存在である」

と自ら言っておられるらしい。集会などでみんなの前に出る時には鐘がゴーン、ゴーンと鳴る、仏陀様だからゴーンと鐘が鳴るらしいのだ。それで、

「主L様のお出ましです」

という声があって、宇宙一のお方だというのでみんなありがたくお聞きになっているらしい。

「まあ、そのほうがここは間違いないとみんなが安心するから、いいんじゃないですか。Qさんもいろいろ言われているけれども、ぼくはそれなりに評価していますよ」

「たしかにそうかもしれませんね。美川献花さんとは違うけれども、そういうの

もいいかもしれませんね」

とうなずいて、教授はこう聞いてきた。

「でも、美川さんはどうしてあのようなことをなさらないんですか。そういう存在とファンレターが来るというのはずいぶん違うと思いませんか」

と言われて、

「それはそうですね。でもまあ、いいんじゃないですか」

と、私はお答えした。

宇宙最高の神とは

どこの宗教でも自分のところが最高だ、自分のところの神様が宇宙最高の神様だと言う。何十万も宗教グループがある中で、自分のところの神様が最高の神様だとそれぞれ言うわけだ。

でも、それはそれでいいと思う。最高の神様だと思っているからこそ信じているわけだし、最高の神様でここは間違いないと思っているからこそ安心できるわけだ。

「最高かどうかぼくもわからないでやっているんですけど……」

なんていうことを教祖さん自ら言ったら、信者の皆さんは、

「本当に大丈夫かしら」

と思うに違いない。

誰しも、自分のところが最高だと信じていたい、その気持ちはわかるから、それでいいと思う。

「しかし、私たちはどうしても、体質上、それができないですね」

と、その先生に私は言った。

鐘が鳴って、パーッとライトを浴びて、皆さんが「は、はー」とぬかずいている中を登場する。水戸黄門のドラマみたいに、この紋所が目に入らぬか、「は、はー」なんていうのは、どうも背中がこそばゆくて、私は体質上受けつけない。

ファンレターを出す対象として皆さんが考えるということは、身近に感じているということであって、「恐れ多くも……」という感じではない、ということなのだろう。Qさんの場合は、「宇宙一のL様である」からこそ、みんな絶対的な

るものだと考えて、「は、はー」となるわけだ。

幹部の人もそのほうがやり易いのだろう。「Ｌ様がこう言っておられますから」と言ったら、鶴の一声で「は、はー」となる。

時々、人が私にも、「そうやって権威づけたらどうですか」とすすめてくれたりする。けれど、人様がどう言おうと、目に見えざる神なるものを正しくお取り次ぎをするという自分の心構えというのは、変えるわけにはいかない。神業《しんぎよう》と学問を研鑽してきて、何が最高であるかとか、最高のものを正しくお取り次ぎする人間はどうあらねばならないか、自分なりにわかったものがあるつもりだ。それは何か。

亢龍悔《こうりゆうく》いあり

最高のものとは何だろうかと考えると、『易経』でいう「九五の位」に思いあたる。

「乾」とは天を表す。易の卦は、六つの爻《こう》でできているが、乾の卦はその六爻が全て陽なのだ。その六つのうちでも、下から数えて五番目が最高の位である。これを九五の位という。『易経』は、君子というものは下から順番に上がっていって、乾の卦の五番目で、天に昇った龍の如き位に達する、という。

だから五という数は君子の位、働きの極致とされる。気学でも、五黄土星というのは帝王の位だ。神典によれば天照大御神様には五柱の息子がいたとされるが、これにも同様の密意がある。そして、五は働きの極致だから、右手に五本の指、左手にも五本の指。足の指も五本ずつで、まさに働きの意が形として表われているのだ。

だから、五というのは最高の位と言われているが、考えてみればこの位置は、六爻のうちの五番目、つまり一番上から一つ下にいる。なぜ、一番上の爻が「最高」の位ではないのだろうか。一番上に行くとどうなるかと言うと、『易経』では「亢龍《こうりゅう》悔《く》いあり」という。これはどういうことかと言うと、一番上まで昇りつめた龍は後は落ちるしかない、ということなのだ。

「満つれば欠くる」という格言がある。満月の一部が欠けているマーク、これはダイエーのマークだ。ダイエーのマークはオレンジ色で、まん丸ではない。左下で切ってある。永遠に発展し続けていくためには、満ちていてはいけない。満つれば欠ける、満月というものは欠けていくんだ、だから、絶えず一つ足りない状態でいるのが本当なんだ、というわけだ。

ダイエーの中内さんは、満ちてしまえば後は欠けるだけだと知っている。だから、マーク一つにまで気を配って、ああやってどんどんどんどん拡大していっている。これは「亢龍悔いあり」と同じ精神だ。

五という数字がなぜ気学で言うと五黄土星になるのか。気学の六番目は六白金星で、天の位であるのだが、ここからはもう必ず下に落ちて行くばかりである。だから、絶えず発展の余地を残している、絶えず一つ下にへりくだっている「五黄」が、真ん中とされているのだ。こういう状態にいるのが五、九五の位の君子の位と言われているのだ。

日本の場合は総理大臣がいて、その上に天皇様がいらっしゃるわけだが、天皇様も権力を持たない。天というものに対して、神様というものに対して、あるいはまた国民というものに対して、一歩へりくだる立場におられる。これで己がだめにならないのである。

ともあれ、絶えず一つ下にいる状態で、へりくだっているというのがまさに修養の成果であり、神というものをよく理解し、己を恐れている証である。己が増長することは一番怖い。増長魔になってしまえば落ちていくしかないんだ、ということになる。

実際、増長してしまった人間は、どんなに経験があり、学識があっても、あっけなく悪霊の餌食になる。

心水輪転《しんすいりんてん》

九五の状態の時は、また虚霊《きょれい》の位でもある。虚霊の状態、虚の状態に己がある時は、いくらでも霊光が輝き霊明が輝き、心水輪転の状態となる。

心水とは何か。人は、腹を立てた時は心火《しんか》と言って、心が火になっている。心にも心水と心火があるのだ。おだやかな状態、静かな状態、禅定《ぜんじょう》、平常心、こうした時には心が水のようである。これを心水という。こうした心の時、ものごとの悟りや理解が生じる。すると心水が輪転していく。心水が輪転、回転し始めていく。その心水の輪転のところに叡智がやってくる。水気が動くことによって、初めて叡智がやってくるのだ。

余談ながら、四大文明が全て水のあるところに発生したのも、この「水気」に満ちた場所だからだ。メソポタミアはチグリス・ユーフラテスの流域だし、エジプト文明はナイルの賜物だ。黄河文明も黄河の流域で生まれた。インダス文明もインダス河のすぐそばだ。水気がずっと動いているところに、智恵というものがやってくるのだ。

心の内でもそれは同じだ。だから、本当に深い智恵を持ち、悟りの心を持っている人というのは、心水というものを絶えず輪転させるように心がけている。心火の状態、すなわちカーッと腹が立ったという感情ではなく、心水を絶えず輪転させていけるだけの深い内的な悟りを維持していかなければ、己を見失ってしまうことになる。そうなったら進歩向上もしないし、霊格というものを失ってしまう。

ところで気学では、火を表すのは九紫火星、南の方角になる。また水を表すのは一白水星、方角で言えば北だ。

だから、たとえば一白水星の北の吉方位へ行くと、水の働きにより悟りの智恵が出てくる。文殊菩薩《もんじゅぼさつ》のような内的な、あるいは霊的な悟りが出てくるのだ。

逆に、南の吉方位、九紫火星に行くと火の働きにより表現力がもらえる。現実界にどう表現できているのかというのは、どちらかと言うと普賢菩薩《ふげんぼさつ》的だ。この普賢菩薩は、現実界に通用する怜悧な智恵を司る。同じ智恵でも、文殊と普賢は働きが違うわけだ。

ともかく、虚霊の状態であれば絶えず心水が輪転しているから、神様の御心や悟りを絶えず維持できる。だからこそ九五の位にいることが最高のよき自分を保てるわけで、九五の位にいれば神様の御心や深い悟りといったものをどこかで感じることができる。

イエス、マホメット、弘法大師の生きざま

そういうことがわかっているから、私は、宗教の教祖が「われこそは！」などと言うということが理解できないのだ。

たとえばバイブルを見ても「われを見る者は神を見る者なり」とイエスは言っている。

しかし、その一方でイエスはマグダラのマリアだとか、税金の徴収人のような当時嫌がられていた人に対しても、身分の貴賤に関係なく親しくお話ししている。弟子が「イエス様のご登場である！」なんて言って、民衆が離れて「は、はー」とぬかずいてイエスの話を拝聴するというような場面は、バイブルには描かれていない。

身分が卑しい娼婦みたいな人でも、イエスはそばに行って親しくお話をして、神様の道を説いているではないか。それに対して、現世の教祖たる者が、どうして「ジャジャーン・L様……」などとできるのか。

お釈迦様の足跡を見ても、周梨槃特《シュリハンドク》という、何回教えても自分の名前すら覚えられないような愚かな弟子を大切にしている。この人がお釈迦様の十大弟子の一人になっているのだ。お釈迦様が偉そうに「われこそは釈迦である！」なんて言っているのは見たことがない。「○○の生まれ変わりである！」と人に礼拝させたりしていない。頭の悪い人だとか、長者やどんな人でも法を求めてきた人には気さくに話し、法を説いているお釈迦様の像が仏典にいくらも出ている。

孔子もそうだ。子路という乱暴者でも、子貢という理屈の立った商売人でも、一切関係なくいつも孔子さんと親しく話している。

老子も孔子もお釈迦様もイエス様もマホメットも、その代表教典、代表聖典をずっと読んで見れば、そこから読みとれるニュアンスというものは、みなこの虚霊の状態である。そして、その虚霊の状態で最高のものを受けている人というのは、「われこそは！」なんて、偉そうなことはしていない。言葉の中には時々気負ったところが出るが、しかし、描かれているシーンというものはそうではない。いつでも民衆とともに生きている。

特に日本の聖徳太子など、自分は一凡夫にすぎないと自ら言っていながら、日本仏教の教主とみんなから慕われている。行基菩薩もいつも因果の法を説いて行脚し、人を導いていた。役小角は少し修験道のほうに向いていたが、それでも皇室を思い世を思って生きていた。どの人を見ても、みんな虚霊の状態にいるのだ。

弘法大師もあれだけ身分も位もあった人なのに、万濃池《まんのういけ》の修復の時には郷里の四国に帰ってきて、高松の民衆とともに一生懸命汗を流した。だから今でも人気が高い。

当時、人々のために万濃池を一生懸命工事して何日も徹夜で護摩を焚き、その結果、数カ月で不可能を可能にするだけの修復ができたわけだ。中央宗教界の聖人が郷里へ戻ってきて万濃池を修復してくださったというので、みんなが大感激して空海を慕ったという。

もちろん、法然、親鸞や日蓮も、後から偶像崇拝されたという歴史は出ているが、その当時は民衆とともにいて苦楽をともにし、ごく普通に暮らして、実に気さくだ。

だから、この九五の位という、へり下ったところに居るのが君子の位だという姿勢が、道を学んできた人は当然あるべきだと思う。それが本当だなと私は思っているから、ずっとそれでやってきているのだ。

ファンレターがたくさん来ていることは知ってはいた。けれど、「そういうところが巷の教祖さんと一番違うところですよ。そういうのが来るのは、ワールドメイトさんだけですよ」

と宗教学者さんに指摘されて、初めてそういうものかなあと思った次第なのだ。

観音様が示される最高の徳

「謙虚でへりくだっている所」――それでいいんじゃないかと思うのだが、これは私がそう考えているだけではなくて、実は観音様もそうなのだ。

植松先生から教えていただいたのだが、大宇宙創造の⦿《す》の神様は、実は聖観《しょうかん》音《のん》様に化身される。ということは、観音様は⦿《す》の神様のご化身だから、本当はあらゆる仏様の中で一番偉いと言ってもいい。

では、⦿《す》の神のご化身である最高の仏様、観音様はどこにいらっしゃるかと言うと、なぜか阿弥陀如来《あみだにょらい》様の脇に控えていらっしゃる。いかなる衆生《しゅじょう》も阿弥陀浄土へ送るんだという発願《ほつがん》（神仏に誓いを立てること・編集部註）で、何千年も何万年も修業された阿弥陀如来様をお助けしようと、脇仏として観世音菩薩と勢至《せいし》菩薩が控えているのだ。

勢至菩薩というのは「勢いが至る」と書く。観音様と勢至菩薩様の違いは、勢至菩薩はしっかりがんばれ、と励ましておられ、観音様は、苦しみを持ったそのままで助けて上げよう、となさっている。◎《す》の親神様《おやがみ》だからこそである。

そのように、一歩へりくだって阿弥陀如来様の部下になって、阿弥陀仏さんの発願を助けて上げようとされている。なんと謙虚でいらっしゃるのだろう。謙虚というよりおのれというものがないのだ。

密教ではどうか。胎蔵界《たいぞうかい》、金剛界《こんごうかい》に大日如来様《だいにちにょらい》がお出ましになる。で、観音様は◎《す》の神だから大日如来の上に来るかと言うとそうではない。胎蔵界でも金剛界でも、一番偉くて権限を持っているのは、大日如来である。最高の◎《す》の神様はその下にへりくだって、大日如来様の御心と権限のもとにおいて、ご活躍されていらっしゃる。◎《す》の大神様なるがゆえに、お手柄を大日如来様に差し上げて、自分は何と思われてもいい。その部下になって救済活動を続けておられるのだ。これが御仏《みほとけ》の実態だ。

最高なるがゆえに一番下までへりくだれるのである。その御心《みこころ》こそが最高の御心なのだ。最高に素晴らしい神なるご性格だ。

だから、大日如来様を崇拝する人はいるが、「大日如来様大好き！」という人はあまりいない。一方、観音様大好きという人はたくさんいる。もし仏様の中でファンレターが来るのであれば、大日如来様大好き、その威厳と格好よさと恐ろしさが大好きよ、という人はあまりいないだろう。観音様のほうにファンが多いわけで、日本では観音様の信仰が圧倒的に強い。

一番嫌なことができるのが最高の霊格

日本仏教の教主と呼ばれる聖徳太子についても、大日如来の化身だという説はない。一方、聖徳太子観音化身説というのがある。観音様のご化身だ、ということだ。

つまり、推古天皇が大日如来のように最高の位にいらっしゃり、聖徳太子は一歩へりくだって、摂政でずっといらっしゃったわけだ。天皇になろうと思えばなれるだけの力量と人望があったが、へりくだって、推古天皇の命を受けて政治を行なった。九五の位に立って、推古天皇のために政治をまとめていったわけだ。

その性質こそが本当に神なる、最高に素晴らしい性格であり、最高に麗しいのだ。観音様のファンが多いのは、そういう素晴らしさ、麗しさを、何となく魂で感じるところがあるからに他ならない。

　ところで、日本という国は母性の国だから、女神様が治めておられる。天照《あまてらす》大御神《おおみかみ》様も女神だし、加賀の白山に坐《ま》す菊理姫《きくりひめ》様も女神だ。ともに同じ◉神《すしん》の化身なのだが、実は宇宙レベルでいえば、菊理姫様は銀河系の主宰神であり、天照大御神様は太陽神界の神であって、菊理姫様の方がスケールが大きく次元も高い。ところが、日本においては天照大御神様が中心の神となり、菊理姫様は天照大御神様に一歩も二歩も譲られている。銀河系をおつくりになった神様だから位は最高なのだけれども、天照大御神がいらっしゃったら菊理姫様は一歩下がって、なんと田圃《たんぼ》の神様になって人々を救っておられる。最高なるがゆえにへりくだることができるのだ。

　この地上をおつくりになった国祖《こくそ》国常立大神《くにとこたちのおおかみ》もそうだ。最高なるがゆえに、そしてまた衆生のことを思うがゆえに、自分は艮《うしとら》の方角に引退なさっている。また、自分の一番の直系である閻魔大王は地獄で鬼を使っている。あんな役割が楽しいわけがない。針の山に登れだとか、血の池地獄で浮かんでくるななんて鬼がやるけれど、誰があれをやっていて楽しいと思うだろうか。いじめっ子がいじめているのとはわけがちがう。彼らは慈悲心を持ちながらやっているのだから、相当辛い仕事だろうと思う。

針の山に登らせている鬼というのは、毎日何が楽しみでやっているのかなあ、相当ストレスがたまるんじゃないか、高天原でゴルフでもやってストレス発散しているのかなあと私は思ったりする。鬼の身になって考えたら大変な仕事だ。

実はあの鬼は全部、この地上をおつくりになった国常立大神様の直系のご子孫がなっているのだ。一番嫌な仕事をしているわけだ。けれども、そうやって人々に、業を晴らし徳を積むことの大切さを教えてくださっている。何千年、何万年もだ。

最高の神であるがゆえに、一番嫌がられるところを引き受ける。そういうご性格が最も尊い神なるものなのだ。つくづく鬼って大変だと思う。

そういう神霊界の実際を見ていると、最高で素晴らしい神様が最高に素晴らしい神なるお心で、「俺が俺が」「自分が自分が」と言うわけがない。一歩も二歩もへりくだって、一番嫌なことを黙々とやっていらっしゃるのだ。

皇《すめらおおかみおんやしろ》大神御社と日本の国

私の主宰するワールドメイトは、伊豆の大仁に神社を持っていて、皇大神御《すめらおおかみおん》社《やしろ》という。ここには⦿《す》の大神様が降りておられるので、最高に素晴らしい神なる場所なのだけれど、素朴な小さな神社である。決して「われこそは」とか「皇大神御社に来ればよそに行くことなどない」とはおっしゃらない。

箱根の神様は素晴らしいから団体参拝に行きましょう、伊勢へ行きましょう、住吉大社へ行きましょう……とお勧めしている。というのも、それぞれの神社の働きを認めているからである。⦿《す》の神様は一番尊い神様なのだが、一番尊いがゆえに、「我のみを拝め」などと狭量なことはおっしゃらない。各地の素晴らしい神社の働きを認めて、ああ白山比咩《しらやまひめ》神社も素晴らしいから行きなさい、とおっしゃる。だから私も、箱根や伊勢をはじめ各地で団体参拝を行なっているのだ。

しかし、いつもは控えておられるが、大仁の皇大神御社の神様は最高の権限を持っておられるから、いざとなったら何でも聞いてくださる神様だ。そうであっても、⦿《す》の大神様の分魂をお祭りしているが故に、普段は他の神々様に役どころをおまかせになり、謙虚に控えておられるのだ。
世界の国家という視点から見たら、日本がそういう国だ。
わが日本国がどうのこうのと、強い自己主張をあまりしない。だから、かつてクリントンさんと宮沢喜一さんが話をした時（平成五年・編集部註）も、宮沢さんは自分の国のことをはっきり言わないものだから、何か日本はわかりにくい国だと思われてバカにされたようだ。

別に英語で話さなくてもよかったんじゃないか、日本語で話せばよかったんじゃないか、東北弁で通訳がわからなくなってしまうような話を言ってあげれば、通訳も集中して、いい通訳をするんじゃないかと思うのだが……。

しかし、世界は白人主権だ。先進国の七カ国サミットの中でも有色人種は日本だけで、あんまり自分のことは言わない。

「アメリカさん大変ですね、ミッテランさんあれですね、カナダさん、ドイツさん、シュミットさん、みんな体大きいですね。私、宮沢です」

という形でやっていくしかない。

人様の国のことばかり考えて、自分の国はこうだと言うことは不得意でいる。けれど経済の実力は世界一であり、それが政治的には一段下に甘んじているから、余分に警戒されたりすることなしにいるのが今の状況である。

虚霊《きよれい》の状態を維持していくのが正しき道

観音様も、本当の顔と言ってもあるようなないような、男性か女性かわからないような顔をしている。⊙《す》の大神様はそういう太極《たいきょく》の状態（陰と陽が分かれ出る前の状態）にいるわけで、その神なる麗しき性格が一番素晴らしいがゆえに、三十三相に化身してあらゆる局面でお働きになる。言わば、一番素晴らしいお心の働きを持っているのが⊙《す》の神様なのである。これが一番尊いと思う。

さらに言うなら、一番尊いがゆえに、あえて他に中心をゆずり、自らはへりくだって、三十三相に化身して衆生を救済される。これが、最高に尊い神様の本当のあり方なのだ。その立場から見ると、ヨーロッパ的あるいはユダヤ教的な、一神が最高だと言ってそれをみんなが信じていくという一神教のあり方は、わかりやすいだろうが、神霊界の実情から見たら、咀嚼《そしやく》力《りよく》のレベルが低いのではないかと思わざるを得ない。

けれど、それがいいと信じていく人はそこへ行けばいい。その人なりに幸せだからそこに行けばいいと思う。私の場合は、たとえわかりにくくても玄々微妙にして繊細、陰陽未分にしてあらゆる神の親神様である⦿《す》の神様をお取り次ぎする立場だから、やはり自分も、感覚として「我こそは！」などと居丈高《いたけだか》になるような、くすぐったいマネはできない。宗教グループから見れば変わっているかもしれないが、必要以上に背伸びしたり自分が一番だなどと奢ることなく、虚霊の状態をずっと維持していかなければ、最高の⦿《す》の神様をお取り次ぎするなんていうことはできないのだ。

よその宗教ではファンレターが来ないけれども、ワールドメイトのリーダーの場合はファンレターが来る。ありがたいことだなと思っていたが、よその宗教にはないことだと言われて、なるほど、そういうものかと思った次第だ。

しかし、私たちは神人合一の道を目指して神様のお取り次ぎをしているだけだから、他の宗教との比較はどうでもいい。いつも一番正しい自分の状態を維持して、神様にいつも愛されていつもお取り次ぎが正しくできていて、霊光輝き、霊明皓々として、⦿《す》の妙《みよう》と玄《げん》を持っていたらそれでいい。一神教のように単純ではないし、「俺が、俺が」と出しゃばらないので、誤解されることもあるが、誤解されてもいいんじゃないか、と思っている。

神様から認められていたら、肉体がなくなった後でも神霊界で活動できるわけだし、自分の修業でもあるわけだから、それでいいと思うのだ。

もちろん、少しく勉強している方には、何が尊いものかはすぐにわかるはずだ。先のように易や五行説を勉強してもわかるし、観音様がどんなところにいらっしゃってどんな活動しているかを知っただけでもわかる。最高の神をお取り次ぎしようと思えば、私たちもそういう最高の生きざまを貫かなければいけない。

すぐれて良きものとは何か

話が横道にそれたが、ある日、ひらめいたことがある。新幹線の中に五時間乗りっぱなしで、その間ずーっとお祈りしていた時のことだ。すると、日本武尊《やまとたけるのみこと》が何げなくパッとお出ましになった。それでまたどこかにいなくなってしまって、どこに行ったんだろう、と思って、またお祈りしていると日本武尊がパッと出てくる。出たり消えたり、その後四回ぐらい続いた。

後からわかったのだが日本武尊が教えてくれたことは、

「すぐれて良きものとは何か」

ということだ。

すぐれて良きものとはどういうものなのかということを皆さんに知らせなさいと、日本武尊がおっしゃったのだ。

すぐれて良きものとは何か。先の九五の話も、観音様の話もすぐれて良きものではある。最高の神様というのは最高に麗しい尊いお心と、お姿と、実行力を持っておられる。神というのは働きそのものであるから、そういう最高に麗しき働きをしている方が最高の神様であって、それはたしかにすぐれて良きものであるに違いない。

その日、私は千葉で定例百回記念のセミナーで話をする予定だったのだ。そのセミナーの会場に行って、ようやく日本武尊が四度も出てきたわけがわかった。

たしかに今まで述べたこともすぐれて良きものだ。宗教とか神の道に生きる人間、それから天というものに対して生きている人、さらには教養の厚み、これらはみんなすぐれて良きものに違いない。

しかし、神の道というものを考えた場合に、もう一つ忘れてはならないものがある。それは何かと言うと、「折れて曲がって飛び越えたもの」ということだ。

チャネリング、霊告と直覚力の違い

その関東定例セミナーの前日、仙台で講義をしたが、仙台というのは霊的に見ると、神仙界の入口が出ている地である。しかも、講義の後に「大救霊」（千人以上の方を一挙に救霊する、私の救済秘法の一つ）が予定されていた。

神仙界というのは神界と霊界との間、言わば霊界の一番上の部分だ。だから、神界よりもむしろ霊界の方に体も霊体も強く反応している。そこに大救霊の霊が大挙して襲って来ると、これはもう本当に苦しい。始める前から、救霊させまいとする霊が次々に襲ってきて、こちらは七転八倒の苦しみである。

そこから縄抜けして出るためにはどうしたらいいかと言うと、秘伝がある。天照大御神様の十言《とこと》の呪《かじり》（深見東州著『大金運』たちばな出版刊を参照）を上げて、自分の意識を太陽神界に押し上げてしまえばいい。霊の世界でない神の世界にパッと入るから、霊障の苦しみは消える。神仙界の中に入ったままだと、その霊障の原因を完全に解決しなければ楽にならないのだが、太陽神界にパッと入ってしまえば、苦しみから脱却できる。これを縄抜けの法というんだと仙台で話したのだ。

話が横道にそれたが、その時にチャネリングとか、霊告というのは、こんなのはたいした霊格ではない。本当の神様のお告げとは何かといえば、直覚力だ、ということを話した。

直覚力というのは何かと言うと、瞬間にパッと全部わかる力だ。これがポイントで、こういうふうな感覚だとか、こういう呼吸でこういう方位でこういう念でこうすればいいとか、くどくどした説明も何もなく、全部瞬間に、一秒か二秒の間にパッとわかる。と言うよりも、わかっているという霊的な塊が上から一瞬にして降りてくる。これが直覚力である。

霊告を受けてどうのとか、お告げでどうのとか、台詞がピッピッピッと来るというのはレベルが低い。しょせん霊のメッセージであってそんなものは低いものだ。チャネリングなんて本当にレベルが低い。

本当の霊覚というものがあれば、瞬間にパッと全てがわかる。その瞬間に受けたものは、話せば四時間や八時間ぐらいかかったりする程の内容である。それだけの内容が、直覚力によって一瞬の内にわかってしまうのである。その素晴らしいものが、神様から塊で瞬間に来る。私の講義も種を明かせば、そうやって神様から教わったものだが、この「直覚力」というものも、いわばすぐれて良きものだ。

「折れて曲がって飛び越えたもの」

もう一つのすぐれて良きもの、「折れて曲がって飛び越えたもの」とは何か。「折れて曲がって飛び越えたもの」と言葉で聞いてもまず誰もわからないと思う。考えてみれば、この百回記念を迎えた定例セミナーも、「折れて曲がって飛び越えたもの」の一つである。

百回を迎えるまでには、林家木久蔵さんや空手の大山倍達さん他、各界のそうそうたる人たちをゲストに迎えたり、内容も毎回バラエティーに富んで、趣向をこらしたりといろいろなことがあった。

定例セミナーという形になる前は、毎月二十五日に行なうニコニコ会があったり、毎月十日の十日会、時には毎月二十八日のニヤニヤ会があったり、いろいろと紆余曲折《うよきょくせつ》を経てここまできたわけだ。

ある程度続けていると、やり方が固定化されてくる。そして、一つのやり方をしていたのが様々な原因でだんだん通用しなくなってしまう。だめになったらだめになったで終わりではなくて、今度はこうしてみようああしてみようと、従来のやり方を曲げて、違ったやり方をして、試行錯誤をくり返す。その中で「アッ、これがいいじゃないか」と発見して、新たな形式というものがでてきたのだ。前のレベルをパーンと飛び越えたわけである。

その「飛び越えて」というのは品質が上がってきたということを意味するわけだが、とにかく百回続いてきた事実が尊い。折れて曲がって飛び越えて、どんなプロセスを経ようとも百回目の定例セミナーを迎えたということが尊いのだ。五、六回でやめてもよかったし、三十回目ぐらいでやめてしまってもよかった。しかし、試行錯誤しながら折れてしまって、途中で断絶したり、批判があったりして、じゃあ、こうしてみようよと曲がって、迂回して……。けれども、折れて曲がってだめになったのではなくて、折れたり曲がったりしながらパーンと飛び越えて来たものというのが、やっぱりすぐれて良きものなのである。

すぐれて良きものは全部、すぐれて良きものになるためにどこかでパーンと飛び越えたことがあるものである。飛び越える前にはどこか曲がっていたり、蛇行していたり、その前には折れたこともあるという、その経験のあるものがすぐれて良きものなのである。

折れたこともないし、曲がったこともないし、飛び越えたこともないものはすぐれたものとは言えないということだ。

日本武尊《やまとたけるのみこと》が示す「折れて曲がって飛び越えた」足跡

百回目を迎えた関東定例セミナーの、私たちの歴史もそうだったし、日本武尊もそうだった。

日本武尊がすぐれて良きものとして日本人の魂に残っていて、日本神話の一大ヒーローになっているのはなぜか。

それは、日本武尊の人生そのものが「折れて曲がって飛び越えたもの」であったからにほかならない。ずっとものごとがうまくいった人だったら、ヒーローになんかなってはいない。

なぜみんな日本武尊のファンなのか。日本武尊にファンレターが行ったかどうか知らないが、なぜあの当時から英雄で、あちこちの神社にいっぱい祀られているのか。古代の人々の英雄であり、神様のような人として崇められているのか。

それは、折れて曲がって飛び越えた人生であったからだ。

日本武尊の歴史の中では、初期の頃の事跡も胸を打つが、後半の部分が特に魂に響く。剣を忘れて伊吹山に赴いた時に、伊吹山の神とご眷属（神様の使者）とを間違えてしまった。「伊吹山の神のご眷属だな！」と言ったら神そのものだった。たいして変わらないと思うのだが、それで伊吹山の神様が怒り出し、毒気を受けて病気になって死んでしまったのだ。いわば、力尽き、折れてしまった。ところが、死んで終わりではない。死のまぎわには、

「やまとは国のまほろば　たたなづく青垣　山隠《ごも》れるやまとしうるわし」

という、あの有名な国思歌《くにしのひうた》を詠われ、やまとの国に帰りたいなあと願いつつ、お亡くなりになったのである。

しかし、やまとの国に帰りたいと詠ったけれども、日本武尊はお亡くなりになった後、やまとの国へは帰らなかったのだ。白鳥となった日本武尊の魂は、空高く天翔《かけ》って飛び去り、伊勢の国や河内国を巡られた後、いずこへともなく羽ばたいて行かれたのだ。愛する后たちや御子たちが、泣きながらどこまでも白鳥のあとを追ったという。その足をあたりの藪で切り傷つけながら、その痛さも忘れて追っていったという。それでも白鳥は、ふりかえることなく飛び去っていった。

鳥は、神の使者を表す。中でも白鳥というのは白い心だから、純粋で潔癖で、

神様のためにという純な心を持つ使者という意味になる。

「やまとは国のまほろば……」と詠い、自分の心は帰りたいと思いながらも、日本武尊は白鳥となり神の使者となった。だから、都に帰らないで、あちらこちらに待ち受ける新しい使命に生きるために帰っていった。

折れて、また曲がって飛び越えた。お亡くなりになった後でも、そういうふうに白鳥となって飛んでいった。このために多くの人に慕われているのだ。

イエス、弘法大師、聖徳太子、出口王仁三郎の飛び越えた道

イエス・キリストも磔《はりつけ》で折れて曲がって、復活する。復活して出てきたがゆえにイエス・キリストの偉大さがわかりキリスト教が興ったのであり、復活しないで出てこなければそれで終わりだったかもしれない。イエス様が復活したというので、クリスチャンがみな夢と希望を持ち、復活したイエスがまた再臨するからという夢と希望に生きている。イエス・キリストも折れて曲がって飛び越えたのだ。だから、欧米では復活祭がクリスマスよりも盛大に祝われている。

郵便はがき

料金受取人払郵便

荻窪局承認

8718

差出有効期限
平成27年9月
10日まで
(切手不要)

167−8790

(受取人)

東京都杉並区西荻南二丁目
20番9号 たちばな出版ビル

(株)たちばな出版

たちばな新書名著復刻シリーズ
悪霊おだまり! 係行

フリガナ		性別	男 ・ 女	年齢	歳
お名前					
ご住所	〒 -				
電話	− −				
eメール アドレス					

アンケートハガキを送るともらえる 開運プレゼント! 毎月抽選

たちばな出版 HP

パワースポット巡り DVD

&

パワーストーン・ブレスレット

(女性用)

サンストーン・金・パールは最強の組合せ!

(男性用)

魔を払い、願いが叶いやすくなる!

プレゼント付き

読者アンケート

たちばな新書名著復刻シリーズ
悪霊おだまり！

★本書をどのようにしてお知りになりましたか？

①書店での手相占いイベントで　②書店で
③広告で（媒体名　　　　　　　　）④ダイレクトメールで
⑤その他（　　　　　　　　）

★本書購入の決め手となったのは何でしょうか？

①内容　②著者　③カバーデザイン　④タイトル
⑤その他（　　　　　　　　　　）

★本書のご感想や、今関心をお持ちの事などをお聞かせ下さい。

★読んでみたい本の内容など、お聞かせ下さい。

★最近お読みになった本で、特に良かったと思われるものがありましたら、その本のタイトルや著者名を教えて下さい。

★職業　①会社員　②会社役員　③経営者　④公務員　⑤学生
⑥自営業　⑦主婦　⑧パート・アルバイト　⑨その他（　　　）

当社出版物の企画の参考とさせていただくとともに、新刊等のご案内に利用させていただきます。
また、ご感想はお名前を伏せた上で当社ホームページや書籍案内に掲載させて頂く場合がございます。

ご協力ありがとうございました。

弘法大師の場合は、入定された後、いっとき二百数十年間、高野山にまったく人が来なくなって荒れ放題になっていた。それで、ある僧が、

「この高野山の道を、本当に広めるべきだったら火を燃やしてください、そうじゃなければ消してください」

と祈って火打ち石を打ったところ、パッと火がついたので、あっ、これは弘法大師さんがそうおっしゃっているんだということで、二百数十年荒れ地になっていた高野山がまた再興されたのだ。

折れて曲がってまた飛び越えて、大師信仰が蘇ってきたのだ。

聖徳太子もお亡くなりになってしばらくして、沢山の留学生が帰ってきて、天皇中心の国づくりと文化が花開いた。何年かたってから飛び越えている。

「折れて」ということの最大のものを死と定義すれば、日本武尊もイエスも弘法大師も聖徳太子も、みんな飛び越えている。すぐれて良きものはみな、こうした足跡をたどっているのだ。

出口王仁三郎も、自分が死んで五十年目ぐらいに自分のことが評価されるだろう、と言っていた。だいたい五十年目ぐらいに当たる数年前にだが、王仁三郎ブ

ームも起きているし、まさに予言どおりになった。

「折れる」は「気持ちが折れる」

日本武尊の話に戻そう。

日本武尊は、「折れて」を死んだことと定義しても見事に飛び越えているし、あるいは「折れて」を気持ちが折れることと定義しても飛び越えている。

日本武尊があまりにも勇猛で怖いやつだと思っていたから、父親の景行天皇は、あっちに旅をしろ、こっちに旅をしろと次々命じた。しかも、ただの旅ではない。九州や出雲など、大和朝廷に従わない者たちを、一人で行って征伐してこいと言うのだ。ハッキリ言って、日本武尊は父親たる天皇からかなり冷遇されっぱなしだったのだ。

だから、「折れて」というのは悄然としてとか、気持ちが折れてというふうに取ることもできる。

「一人で征伐に行けなんて、お父さんはぼくに死ねと言うのか」

と、悄然として征伐に行った。

それでも大戦果をあげ、意気揚揚と帰ってきたら、今度はまた東の国へ軍隊も持たずに行けとの命を受ける。

さすがに気持ちが折れ、もうだめだと思ったのだろう。それで曲がって、叔母である倭姫様がいる伊勢に行った。そこで、

「神命を帯びて、君命を帯びて頑張ってきなさい」と励まされ、草薙剣《くさなぎのつるぎ》と火打ち石を授かった時に、腹にグッと性根が座った。

「わかりました、頑張ります」と頷いて、東征の旅に行く。やはり、夢も希望もパーンと折れてしまうような、衝撃的な状況で悄然とするところがあって、いろいろ紆余曲折があって初めて、「よしっ！」と飛び越えたのだ。

「成り成り成りて成り上がる」

これを、植松先生が私たちに、

「成（鳴）り成り成りて成り上がる」

という言葉で教えてくださった。

これは、神人合一の神法《しんぽう》の一つだが、神様が降りてこられる時には、雷がガラガラガラーッと鳴って、降りてこられることが多い。これを鳴り鳴り鳴りて成り下がるという。そして人の場合は、「成り成り成りて成り上がる」。これを成してこれを成してと、次々に物事を成して脱皮していく。御魂の力とは脱皮する力、脱皮力そのものなのである。

「その脱皮力で成り成り成りて、成り上がるのよ」

と植松先生はおっしゃった。

こういうことを、私たちは十数年前に植松先生に言われて励まされて頑張ってきたのだ。

「そうだ、こんなことで負けてなるものか、頑張るんだ。その脱皮力が惟神《かんながら》の道だ。日本の国もそうなんだ。大和魂もそうなんだ。神人合一の道もそうなんだ。成り成り成りて成り上がらなければいけないんだ」

とばかりに。

折れて曲がって飛び越えるというのは、この脱皮力ということに似ている。紆余曲折して絶望しても、そこからパーンとジャンプして、乗り越えたということが素晴らしく、すぐれているものなのだ。

だからこそ私たちは日本武尊が好きなのだ。亡くなった後でもそうだったけれど、亡くなる前の足跡を見ても、お父さんにはいじめられ、あっちに旅しこっちに旅しで、軍隊を持たずに行ってこいなんて命じられる。悄然として折れて、「もうダメか……」と思いながらも、「よしっ！」と飛び越えてやり通した。だからこそ声援が来るのだ。すぐれて良きもの、神なるものをそこに感じるから、みんなが感動して応援するわけである。

大国主の飛び越え方

日本武尊だけではない。大国主命もお兄さんから二度殺されて、折れている。そこでお母さんに助けられて、須佐之男命の根之堅州国《ねのかたす》へ行きなさいと言われて行った。そこで、須佐之男命から幾つもの試練を受ける。蜂の室《むろ》やらおろちの室《むろ》やらに入れられ、さんざん苦しんだけれど危機一髪で脱し、最後は須佐之男命の姫、須勢理姫をもらって連れ帰った。須佐之男命に認められ、お前に全部やるよ、須勢理姫も弓も大刀も琴もやるよ、と言われて、もらって帰ってきた。

これは要するに、海原をしろしめす権限をお前に上げるよということだ。それで、須佐之男命が課した試練を見事クリアして、大国の主となったのだ。

だから、折れて曲がって根之堅州国へ行って、そして飛び越えて大国の主になった。すぐれて良きものの真実は大国主にもあてはまる。大国主の足跡に、あるべき姿が描かれて残っているのだ。そういうことを日本武尊は無言のうちにおっしゃったのである。

百回目のセミナー直前に、

「お前達の越え方も私と似ているなあ。それで良いのだよ」

と。

日本の国家もそうなのだ。日本の国の歴史を見ると、本当に折れて曲がって飛び越えているのがわかる。

ロシアの南下政策と満州経営

一番いい例として、日露戦争のことを私はよく話す。日露戦争開戦前夜の状況は、まさに日本がロシアにやられる寸前だった。南下政策を取っていたロシアが朝鮮半島のところまで来ていて、朝鮮半島どころか対馬海峡にまでちょくちょく来ていたのだ。朝鮮が取られたら日本が取られるのも時間の問題だ。それで開戦せざるを得ないように追い込まれたのである。

日清戦争の後に、早く満州を押さえないと、朝鮮半島まで中国とロシアが攻めてきたら日本が危ない、という意見が強かった。というのも、満州が武器、弾薬を朝鮮半島へ補給する基地になるからだ。満州を押さえておかなければ、どんどん武器、弾薬、食料を補給されるから、朝鮮半島でもし戦があった場合、絶対に日本は勝てない、というわけだ。

だから、日清戦争以降、いかに満州を支配するかが、日本の国防上の重要なテーマであった。いわゆる満州事変というのもそういう背景があって勃発したのだ。

事変というのは、陸軍が内閣の承認を得ずに陸軍が勝手にやったから事変と言うのだが、そういう時代背景を抜きにしては、あの満州事変というものは語れない。満州がいかに重要な軍事的位置にあったかということは、マッカーサーがトルーマン大統領に言った台詞を見てもわかる。第二次大戦後、朝鮮戦争の時のことだ。一九五〇年に始まって、五三年七月に休戦するまで朝鮮半島で激しい戦いがあった。あの時、大活躍したのがマッカーサーだ。

開戦後、一週間もたたずに連合軍は半島の南端、釜山まで追い込まれてしまったのだが、マッカーサーは連合軍を立て直すと同時に、有名な仁川逆上陸作戦を敢行して、見事に劣勢を挽回し、以後、何回となく半島の奥深くまで攻め込むが、そのたびに中共軍の圧倒的な人海戦術の前に敗北を喫し、すぐさま押し戻されてしまった。なぜなら、満州が武器、弾薬、食料の貯蔵基地になっていて、そこからどんどん中共、ソ連が下りてくるからだ。

そこで、マッカーサーが時のアメリカ大統領トルーマンに提言した。「朝鮮半島を守るためには満州を爆撃しなければいけない」と何回も言った。けれどトルーマンは「そんなことをすれば世界戦争になる。絶対にだめだ」と拒否したのである。それでもどうしても満州をと執拗に食い下がるマッカーサーを、とうとうトルーマンはクビにしてしまった。

当時の日本人は驚いた。日本の場合、似たような状況だった戦前、陸軍がどんどん力をつけ横暴になって満州事変を起こした。陸相の東条英機が首相になれば陸軍の横暴が抑えられるかと思ったが、結局できなかった。

満州なんかに出ていったから戦争になったのだと、戦後反省したけれども、朝鮮戦争が勃発すると、かつての陸軍が言ったようなことをマッカーサーも言った。そして、そのマッカーサーはトルーマンの怒りを買ってクビになった。

ところが結局、満州を押さえていなかったために米軍は朝鮮戦争で勝てず、半島の半分は共産軍の北朝鮮に取られてしまった。満州へ勝手に進出した陸軍が悪かったんだと考えていた日本人は本当に驚いたわけだ。

連合軍最高司令長官の職を解かれたマッカーサーはアメリカに帰ってきて、議会で演説した。

「老兵は死なず、ただ消えゆくのみ」

この有名な言葉を吐いて議会を去っていくマッカーサーに、満場の拍手が送られた。だが、その時にマッカーサーは「満州事変は侵略ではなくて防衛の戦だった」とも言っている。世間ではあまり知られていないが、マッカーサーはアメリカに帰って、議会でそう演説したのだ。

第二次世界大戦とＡＢＣＤ包囲網

話は横道にそれたが、日露戦争の時には満州を押さえておかなければ、ロシアが南下政策で朝鮮半島までやってくるというので、仕方なく戦争せざるを得なかったのである。折れて、そして何としても戦争を回避しようと思ったけれども、開戦余儀なきところまで追いつめられた。と、そして「よしっ！」と戦争をしてロシアに勝ったわけだ。

太平洋戦争の直前期には、アメリカ、イギリス、中国、オランダのいわゆるＡＢＣＤ包囲網で日本が囲まれて、にっちもさっちもいかなくなった。ロシアに勝って日本海軍が、海を渡って攻めてくるんじゃないかと、アメリカが一方的に恐れたのだ。事実、「日本軍が攻めてきた」というデマが、アメリカ国内で何度もとんだという。それで、日本人の移民はアメリカからもカナダからも全部追い返された。ひどい人種差別である。日本人移民は土地も何も返して日本に帰れと、追い出されたのだ。

日本人が入植する前から中国人が入植していたが、彼らは一生懸命働いて貯蓄をし、成功していた。そこへアイルランド人の半分がアメリカに来たが、すでに勤勉でお金を貯めることを知っている中国人にやられてしまっている。それで、中国人を焼き打ちしたり殺したりしていた。その後に日本人がやってきたわけだが、日本人は有色人種である上に、日露戦争に勝っている。とにかく怖いからと、白人達が追い出したわけである。

それからブロック経済の時代が来た。イギリスの植民地の中だけで貿易をするという、いわゆるブロック経済体制をイギリスが敷いたために、日本の経済が困窮してきた。そして、最後には石油を供給しないと通達された。その時に日本の石油備蓄は二年分ぐらいしかなかった。それで、戦争は回避すべきだとずっと主張してきた海軍も折れて、開戦せざるを得なかった。つまり、太平洋戦争も一方的に戦争せざるを得ないような状況に追い込まれてきたわけである。

折れて曲がってしようがないと、飛び越えたつもりが負けてしまったのだから、全然、飛び越えていないじゃないかと思うかもしれないが、ところが実は大きく飛び越えたわけである。

日本経済の成功の真因

折れて曲がって敗戦したのだが、戦後、見事に日本は復興した。

結局、世界で今、これだけ経済が大きく成功しているのは戦争で負けたドイツと日本だけだ。敗戦で全部だめになってしまったものだから、折れて曲がってゼロからスタートするしかなかった。だからこそ、見事に飛び越えてドイツと日本が今、経済で一番成功している。

本当に、日本は圧倒的に成功している。今はまだ不況から脱しきれていないし、官僚制度の弊害もあるが、それでもまだまだ大きな潜在力を秘めていると、世界の国々は認めている。古い体制をずっと引きずっている傲慢なアメリカはどの産業もだめになった。もちろん、すぐれた産業もいっぱい残っているけれども、全体的には日本のほうがはるかに成功している。

戦後の日本は、かつて大東亜共栄圏の旗印の下に手に入れた植民地を全部返し、残ったものは見るべき資源もない日本本土だけになってしまった。日清、日露の戦争でもらった領土も全部返してしまった。領土とともに資源もすべて失ってしまった。資源確保のためにキープしていた東南アジアさえも全部返してしまった。満州もなければ何もない。丸裸になってしまったわけだ。

しかし、だからこそ、日本経済はこれだけ発展したのだ。たとえば、天然資源がなければゴムなんていうものはつくれなかったから、石油から人工ゴムを作った。そんなふうに全部、自分で努力して頭を使い智恵を使ったために、日本は貿易立国として成功したのだ。それに、植民地経営をしなくて済んだことも、成功の一因になっている。

「折れて曲がって飛び越えた」戦後の足跡

私が植松先生のところに弟子入りした年は、ちょうどオイルショックがあった年だった。オイルショックで石油が入ってこなくなってしまったのは世界的現象だが、とりわけ一番深刻なのは日本だった。

それでとにかく、省エネルギーに向かって国民が一丸となって努力した時代だった。

ここで起きたのが産業構造の転換で、それまでの重厚長大の産業構造から軽薄短小の産業構造に転換したわけだ。これで省エネルギーに成功し、それればかりか、その後世界中からもてはやされる日本製品の小型化・精密化がはじまったのだ。

石油の備蓄がたいしてないから、これから先のエネルギーが不安だからと努力して成功したのは日本だけだ。他の国はやろうとしたけれどもあまり成功しなかった。アメリカはガソリンをドクドク食う大型車造りをやめなかったので、後々日本車の技術に完敗することになる。最近、やっと追いついてきたところだ。

敗戦で折れ、そしてまた石油ショックで日本は折れた。どうしたらいいのかと思って、産業構造を転換して曲がった。そして見事にバーンと飛び越えて、石油を消費する産業構造から、ハイテクノロジーの世界をリードする産業構造へと、数年の間に見事に転換したのである。見事に飛び越え、すぐれて良き国、良き経済となった。
しかし、今また円高でやられている。これをどう乗り越えるか。円高不況と言われても結局、少しぐらい値段が高くなっても取らざるを得ないような技術を日本は持っているし、輸入原価が下がったということ、そして中小企業が工夫をすることで、またまた乗り越えようとしている。だから、円高でも貿易収入は黒字なのだ。（平成七年・編集部註）
かつての円高の時には、日本が勝てない分だけ、韓国とかアジアとか台湾がアメリカに輸出した。それで、台湾経済が急成長し、韓国経済が急成長して、続いてシンガポールだのタイだのといった東南アジアの国々が経済的に繁栄してきて、アジア全体のパワーが強くなってきた。
アジアのパワーが強くなってきたために、がっかりしてしまったのが、当時まだ共産圏だった東欧諸国だ。日露戦争に勝った日本は尊敬していたけれど、韓国や台湾なんて、かつて自分たちが召使として使っていた有色人種が、こんなハイテクノロジーを駆使することができるのか。自分たちの選んだ共産主義とは何だったのか……ということで、東欧諸国はがっかりして瓦解していったのだ。

あのベルリンの壁の崩壊を初めとする、東欧諸国の瓦解の一番大きな原因はここにあった。自分たちはこのままではだめになってしまう、この体制ではだめだ、下から革命をしていこう……というふうになって、東欧諸国が瓦解していった。これが一九八〇年代のことだ。

その先鞭《せんべん》をつけたのはもちろん日本の成功であった。円高でも負けないで立派に乗り越えている。一時円高でだめだと折れて曲がったけれども、バーンと飛び越えた。そしてこの先、日本は世界のICのような存在になる。植松先生のおっしゃるとおり、国は小さいけれど、最も重要な一厘を押さえている日本が、世界経済の立て替え立て直しの主役になる。

「今はエコノミックアニマルだと言われているけれど、やがて日本の本当にすぐれた智恵が証明されて、尊敬されるようになる。尊敬されるようになって初めて、世界連邦政府をつくる時に、日本に本部をつくりましょうというふうになる」

私たちはそう植松先生に言われた。

それが一九七二年のオイルショックの直後のことで、そのころから私たちのご神業が始まった。その後の世界を見ていると、全部、植松先生のおっしゃったとおりになっている。

　そして、折れて曲がって飛び越えて、すぐれて良きものとなり、また折れて曲がって飛び越えてすぐれて良きものになっていく。敗戦で折れて曲がったおかげで日本経済が飛び越えて、植民地と資源がなかったために努力して飛び越えて、日本の経済が世界で最も成功するようになった。あの時に折れていなかったら、曲がっていなかったら、飛び越えた今の日本はないとさえ言える。

「折れて曲がった」おかげで今日の日本がある

　すぐれて良き国を作ろうとするために、戦争で完膚なきまでに打ちのめされるように追い込んだ神様のお仕組みと御心、それはもう見事と言うほかない。その当時はもう夜も昼もなく、日本の国はどうなるんだろうとみんな思ったものだ。しかし、月日の経過とともに努力してきたら、それでよくなった。それがなければ今日の成功はなかった。もしオイルショックがなければ、今なお日本は公害の国だっただろう。

こんなハイテクノロジーの能力を日本が持つようになるなんて、世界中の誰一人として思いもよらなかったはずだ。日本の強みは、ロボットの性能とＩＣ技術。ＩＣをつくるには精度の高いロボットが要る。そして生産管理だ。しっかりとした生産管理ができなければ、どんなに高い技術を持っていてもいい製品はつくれない。

たとえば、クルマをつくる技術は先進国のほとんどが持っている。ところが、クルマがつくれるから生産管理ができているかといえば、とんでもない。アメリカでの実話だが、新車なのに何か変な音がするなあと思ってボンネットを開けたら、コカコーラのビンが入っていたという。新車でそうなのだ。作業員が、コーラを飲みながら作業していて忘れたに違いない。

アメリカ車の場合、新車のドアをバーンと閉めたらドアがドーンと落ちることもあるという。日常茶飯事である上に、アフターサービスが悪いので、アメリカでは故障も自分で直した方がよいと忠告されるほどだ。ベンツでも今はよく故障する。かつて、日本のクルマは故障がなくて値段の安い大衆車というのが通り相場だったのだけれど、今はもう高級車も日本製が強くなってしまった。

諸外国では、その生産管理というものが驚くほどできていない。日本では、どんな中小企業でもビシッとしたものがつくれる。だから、強いのだ。

そうやって、ＩＣとロボットと生産管理がビシッとできる国になったのは何故か。これも一言で言えば、石油ショックで折れて曲がって飛び越えたおかげだ。

折れて曲がって飛び越えさせるのが結局、神の愛

日本の国運の素晴らしいところ、それは折れて曲がって飛び越えている点を除いては語ることができない。そして、神様が守護している日本の国は今後どうなるのかと言えば、これまでの歴史と同じように、これからも折れて曲がって飛び越えていくだろうということに尽きる。そういう歴史を神様がおつくりになっているのだ。

だから、折れてしまったことを悔やまないで、折れたら今度は曲がるんだぞと、曲がったら今度は飛び越えるんだと思えばいいのだ。これが日本の国であり、真に神様が守護している国なのだ。

今までもそうだったし、これから先、皆さんの人生にも日本の国にも、いろんなことがあるだろう。しかし、すぐれて良きものとは何だろう、すぐれて良きものになっていくとはどういうことだろうと考えると、結局、折れて曲がって飛び越えていく他はない。すぐれて良きものと言われるようになるには、みんなこういう折れて曲がって飛び越えた足跡の積み重ねという歴史を辿るのだ。

日本武尊の足跡を見たら、それは日本の国の国運とオーバーラップして見えてくる。それが神います国、神に守られている人間のあり様であり、そういう足跡を歩ませるのが神様の真の愛なのである。

世界の人も日本の国の人も、すぐれて良きものはどんなものなのかと考えたらいろんな定義はあるだろう。しかし神の道から見れば、神様に愛されて、折れて曲がって飛び越えたものがすぐれて良きものなのだ。その足跡が素晴らしい人や国が、神様に愛されているのである。

ユダヤ人の「折れて曲がって飛び越えた」歴史

ユダヤ人も、あの迫害の歴史の中で折れて曲がって飛び越えてきた。かつては、アメリカの都市であってもスラム街でも、黒人とユダヤ人は大変に虐げられてきた。

ところが、ユダヤ人は同じようなスラム街に育っても、そこからピアニストが出たり学者が出たり芸術家が出たりする。ユダヤ人の貧しいグループの中からでも出てくる。アメリカの今の政治経済を見ても、ユダヤ人の影響力はすごく大きい。

それはなぜかと言えば、ユダヤ人はバイブルをくり返しくり返し読んで、私たちのご先祖はこのように折れて曲がって飛び越えてきたんだ、と精神に叩きこんでいるからだ。

モーゼの時にはエジプトからも出ていったし、こんな迫害の中でも乗り越えてきたのが私たちユダヤ民族なんですよ、ご先祖さんなんですよ、と小さい頃から聞かされているから、「ようし、頑張ろう」という気概が湧いてくる。折れて曲がって飛び越えてきたご先祖さんのことを知っているから、

「ユダヤ人だと白い眼で見られても、迫害を受けても、ご先祖さんだって乗り越

えてきたのだ。民族に誇りを持って頑張ろう！」と考える。

そうやって頑張るから、同じような貧しい中にいるユダヤ人グループと、黒人その他のグループとでは差が出てくる。ユダヤ民族の貧しいグループのところからは、大学教授になったり芸術家になったり、商売人になったりと、いろいろ優秀な人が次々に出てくる。

なぜなのか。血統が優秀なのか。そうかもしれないが、それだけではない。ご先祖様の偉大さという歴史を認識していて、その折れて曲がって飛び越えてきた歴史と先祖に誇りを持って、自分もそれに恥じないように頑張らなければと、子供の頃から思い込んでいるから乗り越えているのである。

ところがアメリカの黒人の場合、ご先祖様と言ったら、白人によって奴隷にされたという歴史が大きい。だから過去をあまり思い出したくない。その歴史の厚みというのは、私たちが考える以上に大きいのだ。

ユダヤ人も黒人も、その潜在能力には違いがないはずなのだが、子供の頃から自分たちの先祖について親から徹底的に教え込まれた人たちと、なるべく民族の歴史には触れたくないという人たち、その小さい頃の教育の差が成長とともに大きく広がっていくとしか考えられないのだ。

黒人の間でも、アレックス・ヘイリーの『ルーツ』以来、自分達の先祖の受けた迫害の歴史を正面から見つめて、超えていこうという努力が進んできた。しかしユダヤ人は、そういうことを千五百年やってきたのだ。だから、今のところ両者の位置はかなり開きがある。

「折れて曲がって飛び越えていく」覚悟を決める

日本民族も面白い歴史を持っているけれども、常に折れて曲がって飛び越えてきた。ヒーローと言われる人たちもそうやって乗り越えてきたのである。

だから、大国主だとか日本武尊を見て、私たちもすぐれて良きものになろうと思えば、折れて曲がって飛び越えていくことを恐れてはいけない。社会生活を送る上においても、男として女として、おじいさんとして、おばあさんとして、折れて曲がって飛び越えていくことだ。大国主や日本武尊がそうだったように。

今、こういう息吹とモチベーションをこの本で受けた人と、普通に社会人としていった人では、今はわずかな差かもしれない。しかし、これが一年たち五年たち十年たったら、そのわずかな差が大きな差となり、二十年、三十年たったら、挽回不可能なほどの差になっているに違いない。

人は祖に基づき、祖は神に基づく

最後に、祖先と血統というものについて語ってみよう。

読者の中には、先祖をずっと辿っていくと天皇家につながるという人もいるだろう。私も、母方のご先祖が皇室の血を引いていて、父のほうは武士だと聞いているが、日本人の場合、先祖をずーっと昔にさかのぼれば、ほとんどが皇室に結びつくと言われている。

歴史をひもとけば百二十五代の天皇様の御名が印されていて、この方々がほとんど全ての日本人の先祖となっている。言いかえれば、この百二十五代の天皇様の歴史は即、日本人の歴史でもあるわけだ。

日本の歴史を見ると、面白いことに仏教と神道がなぜか一緒に存在している。

矛盾することなく両立しながら連綿として続いているのだ。世界の宗教学者の中には、宗教的にずいぶん節操がないねと言う人もあるが、神道が消えなかったのには理由がある。神道は神様を拝むものだが、神道で出てくる神様は、私たちのご先祖様なんだという考え方だからなのだ。

だから、仏教が来ても儒教が来てもまったく関係なく神道がずっと残っている。あるいはまた、ユダヤ教が入ってこようがカトリックが入ってこようが、何教が入ってこようが、消えることはない。日本の神道では、

「人は祖に基づき、祖は神に基づく」

と言うが、ご先祖様のご先祖様が神様だから、ご先祖様を崇敬しお祭りするのと、神様を崇敬するのはまったく同じことなのだ。

たとえば出雲大社の宮司さんの家系を辿ると、天孫降臨の時にニニギの命様と一緒に降臨していらっしゃった神様に行き着くと言われていて、その百何十何代目かの子孫が現在の宮司さんだ、とされている。

また、源頼朝公も第五十六代清和天皇様の皇子から続く、清和源氏の血統である。源氏の元は天皇家であり、その天皇家をさかのぼれば神様に続くのだ、とい

う意識があった。

そのように、自分たちの氏族は氏族としてあるけれど、それをずっとさかのぼると、天孫降臨の時に一緒にいらっしゃった何々の神様だとか何々の命《ミコト》だとかといった具合に、みんな神様になるのである。ご先祖様のご先祖は神様なのだ。

日本の歴史上、豪族が幅をきかせたり、藤原氏が勢力をふるったり、あるいは武家政権が確立していた時代があった。しかし不思議なことに、どの時代にも天皇は天皇としてあり、滅ぼされたことがない。時の権力者は、決して天皇家を廃さないのだ。それはなぜか。

どんな権力者でも、そのご先祖は、天皇家の始まりであるニニギの命様と一緒に降臨してきて、ニニギの命様を護衛したり、あるいは重臣として働いていたご先祖様だから、天皇家を乗っ取ったり征服したり、皇族を殺したりして根絶やしにしてしまうと、ご先祖様の御心に合わないと思うわけだ。だから、鎌倉幕府でも室町幕府でも江戸幕府でも、天皇家は天皇家としてずっと尊重していたわけなのである。

今は大変でも苦しくても、たとえば姑さんにいじめられながらでも、頑張って命をまっとうして霊界に行けば、ご先祖さんが迎えにきてくれるんだと思う。そのように、ご先祖さんに恥じないようにしなければだめだ、というのが昔からの日本人の心である。

その先祖崇拝の文化の中に仏教が入ってきたわけだが、先祖を崇拝するという心があるから神道が残っているのであり、神道は先祖の崇拝という色が濃いのである。決してそれだけではないが、大きな要素であるといえる。

天皇家と錦の御旗

そういうふうに私たちの先祖の、さらに先祖の、ずーっと先祖の元の元の元のご先祖さんまで辿っていくと、いつか天皇家にひいては神様につながる。その神様はかつて、天孫と一緒に降りてきた古い仲間たちだったのだ。だから、日本民族はみんな基本的に仲良しである。それは歴史をひもといてもわかる。

天皇家は自分たちのご先祖の一つだと思っているから、武士の時代であってもどんな時代であっても、天皇家は天皇家として守られてきた。

これを錦の御旗と言うが、もし天皇家に対して反逆すれば、ご先祖さんの御心に合わないからということで、他の武士団が言うことを聞かないのだ。

たとえば南北朝の時に、楠木正成によって建武の中興が成ったのだが、その後、後醍醐天皇が本当に目茶苦茶なバラバラご乱行をした。たとえば自分の麗しい妃さんにはたくさんの土地をあげる一方、命を張って一生懸命努力した武士たちに少ししか与えなかったりというような不公平な恩賞をしたため、武士たちがすっかり腹を立ててしまった。そして、到底やってられないということで、みんな足利尊氏のほうに行ってしまったのだ。

ところが、足利尊氏が戦をしても、天皇という錦の御旗がないものだから団結が弱く、どうしても勝てない。それで、尊氏は九州へ逃げた。後醍醐天皇の周辺の者たちは、足利尊氏が九州へ行ってよかった、平家が滅んだのと一緒でよかったとみな喜んだが、ひとり楠木正成は、

「いや、民衆は天皇様が悪いとは言えませんので黙っていますが、みんな足利尊氏のほうに心を向けています。だから、必ず九州から上がって攻めてきます。そのためには、今のうちに新田義貞と手を切って、足利尊氏と手を結ぶべきです」

と忠告している。

「いや、そんなことはできんよ」と言って後醍醐天皇ははねつけたが、はたして正成の言ったとおり、尊氏は都に上がってきた。その時、足利尊氏はこう思った。民衆はみんな自分に心服してくれているし、無茶苦茶なことをしている天皇家に対してみんな嫌気が差している。それでもなお戦をして勝てないというのは、やっぱり天皇という錦の御旗がないからだ、と。

当時、天皇家は大覚寺統と持明院統とに分かれており、後醍醐天皇は大覚寺統であった。そこで尊氏は、持明院統のほうの天皇の錦の御旗をもらって、私たちも錦の御旗を持っています、天皇のためにやっています、と触れ回った。それで大義名分が立ち、天皇様のためになるのならと、武士が堂々と足利尊氏に味方できて、尊氏が勝ったのだ。

日本の歴史を見ると、大きな節目の時に来たら、天皇という錦の御旗がないと動かなかった。これがないと、謀叛だと思われたわけだ。ご先祖様がそうなんだからと。面白い事実が日本の歴史を見たらわかるのである。

こんな話をすると、右翼か、熱烈な天皇崇拝かと思うかもしれないが、右翼も左翼も関係ない。天皇を抜きにしては日本の歴史は語れないのだ。

歴史的に見てもそうだが、実は霊的に見ても、日本の国の天皇の存在は欠かせないのだ。皇紀二六五〇余年の歴史の中には百二十五代のどこかの天皇様のそばで働いていたり、あるいは錦の御旗のもとで戦ってきたご先祖様がどの家にもいる。ルーツの奥にずっと入っていけば、そういうご先祖さまが必ずいるはずなのである。そういう歴史を皆さんの魂《たましい》が知っているし、守護霊の皆さんも知っているし、ご先祖が知っていて、血脈の中に入っている。天皇を戴いていくという霊的伝統が、既にできあがっていて、それなしでは日本は立ち行かないのである。もっとも、天皇の存在にはもっと別の神霊的意味もある。興味のある方は、『神社で奇跡の開運』（深見東州著／たちばな出版刊）を参照されたい。

日本民族は大いに誇りを持ってよい！

ともあれ、世界の歴史をひもといてみても、これだけの伝統が連綿と続いている国は、他に例がない。

おとなりの中国では、次々と王室が代わり続けたし、イギリスなどは王室といっても、たかだか数百年である。それも、途中で何度も断絶している。しかし注目すべきは、彼らが王室の存在を何よりも誇りにし、大切にし、周囲の国もそれをうらやんでいるという事実である。

私が海外で日本文化について話した際、外国人が一様に驚き、感心し、尊敬のまなざしを向けてくれたのは、二千六百五十年の歴史をもち、絶えたことのない皇室の存在だった。彼らはそこに、日本人の民族としての奥深さや、品位や、伝統を感じたのかもしれない。

日本の皇室の真価は、実は日本人が一番知らないのではないか、とすら思えてくる。さらに、これだけの文化性と経済力を持ちながら、国際社会においてこれほど低姿勢で、一歩へりくだっている国も世界史上例がないと言えよう。

九五の位、虚霊の位、観音様のあり方を、知らず知らずに実践しているのが日本なのだ。もう少し自己主張してもいいのに、悪知恵を出してもいいのにと、見ていて歯がゆくなるほどだ。だが、こうした特性を持った国を神様は放っておかない。やがて二十一世紀に入ってしばらくすると、日本の特性と尊さを諸外国が評価しはじめる。出口王仁三郎の予言にもあるように、「二十一世紀、日本は世界の王となる」のである。

もちろんそれも、あと何度か「折れて曲がって飛び越えて」のプロセスを経てである。

そういうわけで、自信を持って、しかし傲慢になることなく、尊い生きざまを貫くことを目ざして、皆様も人生に挑んでいっていただきたいと思う。

短命おだまり！

第4章

早死にするのはなぜ損なのか？

最近の日本は円高不況だ、株安だと大騒ぎだ。円高になれば前の章で書いたように、日本にとっては飛び越えのチャンスである。だが、こういう時には悪霊達もニタニタとして、取り憑く相手を探して動きだす（平成七年当時・編集部註）。するると、弱気な人、積極的でない人から、この連中にやられていく。中小企業経営者の自殺あい次ぐ、というようにだ。

しかし私にも、この人達の心境はわかるつもりだ。かつて、私は早死にしたいのだけが希望だった。それは余りに仕事、神業、たたり霊との闘いなどが過酷で、早死にするのだけが楽しみだったという理由である。

その頃のことだ。わが恩師である植松先生に「私の理想をご存じですか」と相談したことがある。

「それは東の空へ向かって大いにはばたいて走り始めるんです」

「それからどうするの」

「それでもなおかつ東の空へ向かって走り続けるんです」

「それから？」

「東の空には太陽がある。太陽を見ながら走り続ける」

「それから」

「フラフラになるまで走って、バッタリと歩けなくなるまで走るんです」

「それで？」

「バッタリ倒れたら、そのまま死んでいくんです」

「縁起の悪いことを言うのはやめなさい」

とあっさり言われて、それでおしまい。しかし、本当にそういう心境だった。現世の仕事や暮らしがあまりにきついと、霊界が安息安楽の地に思えてしまうからだ。

ところが、霊界に帰っても決して楽ではないことを、後に知るようになった。今世で修業をすれば、あの世では涅槃寂静《ねはんじゃくじょう》してのんびり暮らせる、と思う人がいたら、それは大間違いである。なぜなら、本当に涅槃寂静できるようなレベルの人というのは、霊界に帰っても、やはり他人の為に一生懸命に活動するのが好きで、決してじっとなんかしていないのだ。

「ああ、やっと涅槃寂静した。ああ大変だった。しばらく休んでいよう」なんて考えるような高い霊覚者はいない、ということだ。

現実のバカンスと霊界暮らしは同じレベルだ

人が、霊界に行くというのは現世のバカンスのようなものだ。

現実界では一生懸命働いて、社会的地位を高め金銭的にも豊かな人は、休暇となると飛行機はファーストクラス、ホテルも一流の高級ホテルに泊まる。フランスに行けばホテル・リッツにピラミッドという四つ星レストランで、中国に行けば北京飯店で満漢全席《まんかんぜんせき》というぐあいで、支払いも気にせず楽しめる。ともかくそういういい料理を食べられて、長期間休暇がとれるわけだ。

現実界で一生懸命精進努力して、霊的な位を立てて、そして徳を積むと、いいところの霊界に行く。いわゆる天国とか極楽などという所である。もちろん霊界のホテルもいいし、食べ物もいい。高級霊界のいいところへ行くと、ご飯が食べたいなあと思ったら、一瞬のうちに御飯が来る。ワインが飲みたいなと思ったら、パッと来る。ボルドーよりも、どっちかというとマンズワインの方がいいなと思ったら、ボルドーが来たと思ったらマンズに変わる。

ただし、その人の霊層によって五百円のマンズワインから二十万円のロマネ・コンティまで、それこそピンからキリだが、ともかくおいしいものをいただけて楽しめるという、まさに「極楽、極楽」というわけだ。

もっとも実際に天国霊界に行ったような人は、毎日毎晩宴会をやってるわけではない。ちゃんと現世と同様に霊界でも活動し、徳を積み、研鑽を重ねている。ただ、望めば望んだ時にすごいご馳走がサッと出てくるということだ。まあ超一流の経営者が帝国ホテルか志摩観光ホテルで、缶詰めになって勉強しているようなものだ。

食事したいな、と思ったら電話一本するだけでルームサービスが何でも持ってくる。

これに対して、「経営が苦しい。死にたい」というような人のバカンスはどうか。足の向く先は断崖絶壁とか火山の噴火口という恐ろしい観光地ばかりで、気持ちが安らぐわけがない。

子供が腹をすかせて、

「とうちゃん、せっかく伊勢に来たんだ。松坂牛のステーキ食べようよ」

と言っても、

「だめ、名古屋に帰ってドテ焼きかミソカツにするんだ」

それも名古屋に帰るとキシメンだけになってしまう。

宿泊先は民宿から伊良湖岬のキャンプ場になって、それも夜中に台風が上陸して、安物のテントが吹き飛ばされたりする。

こういう人が霊界に行くと、心の状態そのままに地獄界に行く。特に餓鬼《がき》霊界にでも行こうものなら、子孫が供養することによって、霊界でも食べ物が出てくるけれども、食べようと思ったらパッと消えてしまう。初めからなければないで、十二分に餓鬼道の人生をおくれるのだが、目前にご飯がチラチラして食べようと思ったら消えるから、これほど辛いことはない。現世で地獄の貧乏生活をしていた人は、自殺などしたら霊界でそれ以上の苦しみを、気が遠くなるほど長い間味わうことになるのだ。天国と地獄ではこのように違う。

高級霊はゆったりバカンスにあきたらず働く

高い生き様を貫いた人というのは、死して霊界に帰った後も、宇宙創造の⦿《す》の大神様とか神々様は何を考えておられるかを知って働こうとする。あるいは守護霊になったり、背後霊になったり、指導霊になったりして、いっときも休むことはない。

特にお釈迦様とか、イエス様とか、弘法大師、伝教大師といったそうそうたる方々は、皆さん守護霊とか指導霊になって、天界の使命を帯びて、いっときも休むことなく活動しておられる。これが霊界の真実の姿である。涅槃寂静して霊界でバカンス暮らしをしても、しばらくするとあきてしまうのだ。

現世でも、オーストラリアあたりに一カ月、二カ月いると頭がウニになってしまう。

以前、長期間オーストラリアにいた小林麻美さんがいらっしゃって、

「先生、今、私たちの頭はウニなんです」

とおっしゃる。その前までは頭がトマトになると言っていたのだが、さらにぐちゃぐちゃしているんだろう。

「先生、頭がウニになります」と。確かにそうで、霊層が高い人にとっては、海辺のダラダラ生活には安んじていられないのだ。

下の霊層の人から見れば、霊界のいい世界に行っていいなあと思われるけれど、長い間、楽しい、楽しいという世界ばかりにいると、三百年ぐらいしたらあきてくる。現世で徳を積んだから、いいホテルで、いい食事ができ、思ったことがパッと出来るのだが、本人は「これでいいんだろうかな」と思ってしまう。

それで、もっと才能を磨くために生まれかわってこようとする。その人の生前の生活、霊界での生活状況を総合的によくご存知である産土《うぶすな》の神様（自分の生まれた土地の神様・編集部註）が、⦿《す》の神様に許可を得て、また、その人にふさわしい人生設計をして生まれかわらせてくれるのだ。こうやって人は、大体三百年周期で生まれ変わってくる。

結局人は、いくら楽しい、楽しいという世界に行ってもあきてくるのだ。

死ぬまでホリデーばかりじゃだめ、やはりまた仕事がしたくなる。そうして進歩、向上をもっとしてみたくなるので、人は生まれかわってくるのである。このように、霊界生活はホリデーだと思えばいいのだ。

ただしこれはいい霊界の場合だ。地獄界は処罰の世界だから五十年間の懲役刑とか、労働を強いられる。上の方はホリデーで楽しいのに、真ん中から下や、地獄界は労働を強制されるので苦しい。もっと下の方に行くと責め苦になる。重労働をさせられたり、残虐な刑を受ける。彼らにとって霊界は、ホリデーどころか、何の自由もない世界だ。

逆に、本当の意味でのいい涅槃寂静をしている人は、霊界で許可を得てすぐにでも活躍できる。

伝教大師、聖徳太子、そして楠木正成公も、死後数年してから、神様の使命を帯びてちゃんとしたエンゼルとして働いておられる。親族のためとか個人のためよりも、もっと大義《たいぎ》に生きている。国のためにとか、人類のためにと生きる人をみつけて、そういう大義に生きる人のために守ってあげる。そういう方が、私が救霊をする場合などに守護霊になったりするわけである。

苦しみを苦しみと感じず生きる人生を！

このように、早死にしても決して楽じゃない。涅槃寂静してもまたこの世に帰ってくる。ならば、現世で磨けた分だけ自分は得なんだという具合に考え、早死に希望をやめて、なるべくしぶとく長生きして、功《いさおし》を積んで楽しく行こう、と私は悟った。

もう楽しむしかない。けれど楽しいばかりじゃ伸びないので、苦あれば楽あり、楽あれば苦ありで人生を行く。楽ばかりでは、楽なことが虚無感で虚しくなってくる。忙しいばかりじゃ嫌だ。だから、苦しみから逃げないで、苦しみを楽しんでいくという状態でなければ、本当ではない。

肉体を持って生まれてきた以上、この生き方しかないのだ。それが心の力を生むし、魂の力を鍛えるし、背後霊の応援で歓喜がいただけるので、苦しみが単なる苦しみではなくなる。この境地に立つのが、一番幸せなのだ。

肉体を持って生まれてきた以上、苦しみから逃げることは無理というものだ。

しかし逆に、苦しみのない世界は、本当にバカンスばかりが続くのであきてくる。だから、苦から逃げないで前向きに、苦しみが苦しみと感じないように生きる。

そんなことができるのか、という人は、山登りを考えてみるといい。

山登りも苦しみだ。あんなに苦しいのに、死ぬかもわからないのになぜ登るのかと言えば、頂上に登り詰めたときのあの快感を得たいからだ。だから、苦しんで苦しんで荷物を持って登る。

マラソンランナーでも、スポーツの選手でも、何であんなに苦しいのにやるのか。記録に挑戦し、それを超えたときの喜びがあるから、苦しみが苦しみじゃないのだ。これと同じで、こういう人生観でなければいけないと思ったのだ。

人の寿命は肉体の耐用年数

こうして私は、短命志願から一転して長生きしようという人生観に変わった。

短命で得することはないが、長生きして徳を積めば、後のバカンスも天と地の違いだ。しかし損得だけじゃなく、この生き方こそ本当の人の道だと知ったからだ。

長生きと一口にいうが、実質的にいかなる人が長生きなのか。肉体の耐用年数を寿命と言うが、これは、生まれたときに大体決まっている。

私も太陽神界に行ったり、北極神界に行ったりした時に、ろうそくが立っているのを見たことがある。これは生命のろうそくで、残りの長さであと何年の命だなあ、と分かる。これを自分で消してしまうと自殺の罪になる。自殺した人は自殺の罪で、霊界で罰せられる。人それぞれに全部ろうそくがあるのだ。

落語に「死に神」というのがある。この話を聞いたことのある人は、すぐイメージが浮かぶと思う。おそらくこの落語は、感性の鋭い人が、霊界の実相をキャッチして創ったのだろう。ただし実際にある場所は太陽神界と北極神界なのだ。ともかく人間は病気では死なない。何で死ぬかといえば、寿命で死ぬのだ。ろうそくの長さが大体決まってしまっているからなのだ。

寿命は徳・業で長くも短くもなる

ところが、これは絶対的なものではない。これは、『信仰の道』（深見東州著／

たちばな出版刊）を見ていただければわかる。

「積善の家には必ず余慶あり、積不善の家には必ず余殃《よおう》あり」と『易経《えききよう》』にある。これは、「善を積み重ねてきた家には、あり余る慶びがある。逆に、不善を積み重ねてきた家には、よくないことがふりかかる」という意味だ。

袁了凡《えんのりようぼん》という人が『陰騭録《いんしつろく》』（陰騭というのは陰徳という意味）に書いているように、徳を積むことによって寿命が伸びる。だから、悪徳を積むほど寿命が縮まることになる。反対に陰徳、徳を積むことによって五十数歳で死ぬという人が八十近くまで生きることもある。

これは、袁了凡自身の経験に基づいて書かれたものだ。百発百中の観相家が見て、袁了凡の天の命数は五十三歳までの寿命と判断した。そして、了凡の人生は、観相家の予言通りに、ピタリピタリと進んでいく。了凡はすっかり運命論者になってしまい、「人生はもう決まってしまっているんだ」と決めこんでしまった。

ところが、この話を聞いた雲谷禅師という禅の僧侶が、

「愚か者め！　それではお前は、何のために生きているのだ」

と了凡に喝をくらわせたのだ。そして先の『易経』の言葉をあげ、いにしえの聖賢たちは皆、徳を積むことで天の命数を変えてきたのだと、了凡に諄々と説いた。

これを聞いて了凡も自らの過ちに気付き、それからは人が変わったように善根功徳を積み上げていった。

すると不思議なことに、百発百中のはずの観相家の予言が、次第に外れはじめたのだ。給料も増え、子供もでき、死ぬはずの五十三歳になっても死なない。結局、七十四歳まで長生きすることができたのだ。

この話でおわかりいただけるように、寿命というのは絶対ではない。つまり徳を積むことによって寿命は変わるのである。

太陽神界でろうそくを、新しいものに替えてくださるのだろう。悪徳を積む人は、ろうそくの消耗を早くしている。かといって、星ツアーに行って人が勝手にいじっては困るが、とにかくろうそくを神様は替えてくださる。

このように、一応寿命というものは決まっているが、長くなったり短くなったりし、決して絶対ではない。寿命が決まっていても、自殺すれば終わる。あくまで確率の高い可能性というのが、神様がお決めになった未来なのだ。例えば、「あなたは十何年たったら最高に出世するでしょう」と言われて、突然、人生が虚しくなった。それでひどい霊が来て、自殺してしまった。これでは幸運も何もない。予言は、一たん口にしたら百％ではなくなるのである。

それにしても、確率の極めて高い可能性であって、現実化するのは、ただ今、ただ今の人間の努力にかかっている。これをしない場合には、確率の高い可能性でも実現しない場合がある。だから人間はただ今、ただ今に努力をしなきゃいけないのだ。それによって、カルマはあっても、悪いものを最小限にし、いいものは最大限に出すことはできる。このただ今のあり方が、来世のまた新しい良いカルマ、悪いカルマをつくることになる。

私の主宰するワールドメイトのスタッフのBさんのお父さんは、五十数歳でガンになって、七十六歳で亡くなった。ガンになっても二十年大切にもっておられればいい方ではないか。そうじゃない人でも早死にする人がいっぱいいるのだから。

このように、病気で死ぬとか、ガンだ、事故だと言うけれども、本当は人間は病気では死なないで、寿命で死ぬのだ。その個々の理由が、ガンだったり交通事故だったりするだけだ。

こういうふうに寿命も、人間の努力によって、徳を積むことによって長くすることができる。だから、病気で死ぬということがいつも心配な人は、この法則をまず応用して、徳積みに努めるのがいい。

ある人は死のう、死のうと思って首をつったらヒモが切れて、ナイフで切ろうと思ったらそうじゃないところを刺したり、またナイフが刃こぼれして刺さらなかったりする。睡眠薬で死のうと思い、一気に飲んで眠ったが、死んだと思ったら眼がさめた。薬局の人が「どうもおかしいぞ」と感じ、胃腸薬をいれていたためだったという。「自分はこの睡眠薬で死ぬんだ」と思ったら全然死なずに、かえって胃腸が元気になった。「僕は自殺もできないのか」という人もいるぐらいであって、やっぱり人間は寿命で死ぬものなのだ。

だから、病気では死なないんだと思った方がいい。死ぬときは「あ、寿命がきたんだ」と思えば、死ぬときに気が楽だ。

人間は病気では死なないんだと思っていると、その心がやはり生命力になる。病気にかかって死にそうな方は、「私はこんな病気になってしまって」なんて思うべきではない。人間は病気では死なない。寿命で死ぬのであり、寿命は大体決まっているのだ。若干の早い遅いはあるだろうが、寿命がきて死んでいくだけだ。しかも、死んでも消えてなくなるわけではなく、あの世での新しい暮らしが待っている。だから出来ることなら、「皆様、霊界で一周忌、三回忌、七回忌でお目にかかりましょう」といって笑って死んでいっていただきたい。これが理想の死者の像であり、私はそうありたいと思っている。

天の徳、地の徳、人の徳

では、ここで長寿の秘訣を紹介しておこう。

徳を積むと寿命が長くなることは先に述べたが、一口に徳といっても天、地、人の徳がある。

天徳《てんとく》とは、神様からいただく徳だ。

「神様、私の命をどうぞ神のためにお使いください」と日頃念じて生きる人には、本人の寿命のろうそくが消えても、特別な使命のろうそくというものを与えてくれる。これが天の徳だ。神のために生きる人が授かるこの天徳は、あるいはまた神徳とでも言えるだろう。

地徳《ちとく》とは、体施《たいせ》・物施《ぶつせ》・法施《ほっせ》のいずれかの形で、たくさんの人を救ってきたとか、財産を人に寄付したとか、社会における何らかの貢献をした場合に授かる。これが地の徳だ。

人徳は本人の悟り、あるいは心構えだ。「あの方は人徳があるね」というのは、その人に備わった悟りだ。いろんなことを悟り、考え方を研究してきた人には、おのずと備わるものだ。

「悟《さとり》」と「覚《さとり》」の真の意味とは?

「悟りとは考え方の工夫である」という一句がある。

悟りという字の、りっしんべんは心の意味だから「我が心」を現わす。覚(かく）と書いてさとりと読む場合は、心を乗り越えて、もっと奥深いどこかで瞬間的に覚《さと》ることだ。単なる心の工夫ではなく、もっと深い魂の奥で瞬間にわかった者、それが覚者である。ブッダなどはまさに覚者である。

この「覚」の悟りの方になるためには、りっしんべんの悟りから入っていくわけである。

ところで植松先生はもう一つ、「さとり」とは「『差』をとる」の意味だと教えてくださった。言霊でいうと、神様と人間の間に差がある。さとるごとに差がとれていくので神人合一して、神様と人とが一体となっていく。これが悟り（覚りも含め）の意味だということだ。

実践する上では、まず、心の悟りが大事である。悟りというのは考え方の工夫である。だから目の前にあるものについて、これがいいか悪いかということではなく、こう考えるようにしようというのが悟りだ。

例えば、普通の人なら美人の方を選ぶだろうけれど、不美人の方が内面をきれいにせざるを得ないだろう。だから、僕のフィアンセは決して美人じゃなくてもこの方がいいんだ……というふうに考えようとするのが、美人じゃない人をもらう時の悟り、考え方の工夫だ。

絶えず、こう考えよう、こう考えよう、こう考えた方が自分も豊かだ、こう考えた方が幸せだと自分の心をもっていく。悟りというのは、そういうふうに考えた方がいいという発想力だ。だから、「いろいろ悟りまして」というのは別に真理を悟らなくていい。自分も幸せ、相手も幸せになっているのが、神様から見たら幸せなのだ。神様は、いかにすれば人間が幸せかを考えて下さっている存在だから、まず本人が幸せになり、人も幸せになり、何事も豊かなように幸せなようにならしめていける、考え方の工夫をしている人を愛でられる。それが、悟りを深くしている人なのである。

そういうわけで、別に悟ったような顔をしながら聖人君子になるようなことがいいわけではない。いろいろ悟っていても、そばに来たら不愉快だとか、顔がかたすぎるとか——顔のバランスは仕方がないが、何か近寄りにくいとかいう人は、それは別に悟った人とは言わない。より幸せに、豊かでなければ神の道に合わないのだ。

だから、物事の真理とは何かとか、何を悟るかというのは、日常生活の中でより自分も豊かなように、幸せなように、人も幸せなように、豊かなように考え方を工夫していくことだ。

これの積み重ねである。これが心のひだになるわけだ。まず私たちがしなければいけない悟りは、いかにすれば自分が幸せなのか、人様も幸せなのか、なのである。

いつでもこう考えたいものである。

霊障、因縁は考え方の中にいついている

霊障というものは、考え方の中に入っているのだ。

例えば、とにかくこういう人間は嫌だと考えていたり、頑固だとか、何事も自分はだめじゃないかと思っていたり、ねたんだり、嫉妬したり、恨んだり、お金を見たら際限もなく欲しくなってしまったり……という考え方の中に、金銭の餓《が》鬼《き》霊とかいろいろなものが巣くっている。

柔軟な人というのは余り霊障がない。逆に、こり固まった頑固な考え方の人は

霊障が巣くいやすい。動物霊やらたたり霊やらいくら除霊しても、本人の考え方が、ほんとうに悪霊しか来ないような考え方で固まっている人は、脳みそそのものを変えなければだめなのだ。そんなことができるのかと思うかもしれないが、脳みそを変える秘法というのが実はある。

「この人を救うのには脳みそを変えるしかないんじゃないか」と思った事があり、思いついたのが脳みそをお掃除する秘法であった。脳髄の中に霊気がこもっている場合に、その悪霊気をスカッとさせていいことしか考えられないようにする秘法である。これを受けた人は、本当に考え方が明るくなる。そうして、今までマイナス思考の波動によって寄ってきていた悪霊や邪気は、ピシャリと来なくなる。「悪霊シャットアウト秘法」ともいえるものなのである。

しかし、この秘法はそうしょっちゅうやるわけではないので、皆さんは、自分の努力で明るく前向き、発展的に考えていく努力が必要である。

そんなわけで、日々、何でも悪いように考えるとか、不幸なように不幸なように考えていくとか、自分がだめなようにだめなように考えていくという人は、その考え方の中に、霊障とか因縁が入っていることを知っていただきたい。

だから、より自分が豊かで、幸せで、発展的で、発展の妙気をもたらすような考え方を絶えず自分で工夫していくことだ。自分でどのように都合よく考えようと、誰にも迷惑はかからないのだから。

自分がデブ、ブスだと悲観する前に……

不美人の女性と結婚するための「悟り」つまり考え方の工夫を先に紹介したが、それでは女性として自分の容姿風体にコンプレックスをもつ人は、どう考えたら良いか。いくつか例を上げよう。

ある南太平洋の島の住民達にインタビューした調査結果がある。たくさんの日本の美女の写真を並べて見せて、どれが一番きれいだと思うかと聞いたと言う。

美女の基準と言うと人それぞれだが、私ぐらいの世代だと若尾文子さん、岩下志摩さん、十朱幸代さん、吉永小百合さん、松坂慶子さんなんかの名が上がるだろう。若い人だと内田有紀ちゃんとか傾向が違うかもしれない。

ところが南の島の人達は、何と常陸宮妃華子さんが一番美人だと一致して言ったのだそうだ。次が松坂慶子さんだそうで、三位以下はわからない。

フーン、なるほどと思う方もいるかもしれないが、意外に思う人も多いだろう。もちろん華子妃は大変お美しい方で、私も素敵な方と思うけれど、日本人みんなが一番きれいと思うかどうかは何とも言えない。

とにかく、美女の基準というのは国や地域でかなり違うということだ。皆さんの奥さんなども、どこか違う国にいけばすごい美女と言われるかもしれない。

その典型的な例がインドだ。スタッフのKさんがインド旅行に行ってきたレポートによれば、インドではいかなる人が美人かというと、太っている人なんだそうだ。やせている人は栄養を取るほど経済的に豊かではない、という証しになり、モテないそうだ。

逆に太っていると、とにかく豊かだと判断される。だから、映画を見ても、どこを見ても、美女というのは全部こえているのだ。だから、肥満の人は、とにかくインドへ行けば美女と言われる。この地域のギャップ、これを応用すればいいのだ。だから、

「私もインドに行けば美女なんだ」

と考え方を工夫する。こうすると幸せになれるのである。

考え方を工夫しても税金はかからないのだから、どんどんやるべきである。もちろん、人を殺そうなんていう考え方は、行動に出たら怖いし、悪霊に感応するだけだからやめた方がよい。しかし、考え方をどのように工夫しても無税だし、人に迷惑をかけない。

ともあれ、この考え方の工夫を絶えずして、自分も豊か、人も豊か、皆が幸せにというふうにできた人が、いわば人徳があるのだ。人徳があるので、そういう人と会うとジンと来る。これも徳積みの一つであり、その分だけ人を幸せにするので、やはりろうそくは長くなる。

このように、神の道で徹底して生きるか、体施、物施、法施で具体的に世の中をよくするか、あるいは人徳——自分の考え方一つで、自分自身を幸せに豊かにするということで徳を積むかだ。特に、最後の人徳がよく見忘れられるものだ。世のため人のための最初は、まず自分自身からである。人徳、考え方の工夫をすることは本当に徳を積む一歩なのだ。これによって寿命が長くなるということも忘れないでいただきたい。

ぼんやりと長く生きても短命と同じ。
短命でも長命者の何倍もの功績を残したモーツァルト

先にも書いたが、人間の寿命というのは、おおよその耐用年数は決まっている。しかし、この物理的な時間だけが寿命かどうか。

例えば八十六歳で死んだ方がいたとする。ほとんど趣味に生きて豊かだったけれども、何にも大したことをしなかった。万年課長で、退職後も関連会社の係長で、家族もまあまあだった、それほどいいこともしないかわりに悪いこともせずにまあまあだった。「やはり人間は死ねば最後だよ」なんて言いながら、八十六歳まで生きたとしよう。

この人の人生は果たして長生きしたと言えるだろうか。八十六歳というのは、なかなか長生きである。しかしその中味は、霊界でいう二十年か三十年分でしかない。実質人生を考えたら、それほど長生きとはいえない。寿命は長かったけれども、世に何を残し、何を得たのか。この人は、生まれてきた意味を半分以下しか達成しなかったということになる。

また、四十年間ギターをやっていたというような人も、年季がギタリストの尺度の全てではない。若い頃から集中して熱中して、若輩ではあるけれども、すばらしい音楽を残した人もいる。モーツァルトなどがそうだ。三十数歳で亡くなったけれども、長生きした他の音楽家よりも、モーツァルトが世に残した功績、音楽のすばらしさは段違いにとび抜けている。

これと同じことで、物理的時間を長く生きても、それだけで価値があるわけではない。その人の一生の価値は、どれだけのことをしたのかにかかっているのだ。

限られた一生にたくさん徳を積める叡智をもらおう！

そう考えると、時間を本当に大切にしなければならないことに気づく。

一日二十四時間、一年三百六十五日と決まっているので、人と違った叡智がないと、時間を効率的に使うことはできない。この叡智というのも、ただ単に頭がいいという現世の叡智には限界がある。徳を積んだ分だけ、神様から叡智をいただくのである。

私は、先に紹介した「大救霊」や「星ツアー」をはじめ、「血統転換」「星のさしかえ」「守護霊交替」など三百種類以上の救済秘法を神様から授かっている。

そのうちの一つである「守護霊鑑定」というだけでも、十二分に霊能者さんとしてやっていけるけれども、そうしたものを三百種類もやるのだ。この秘法も、先の直覚力によって授かった叡智の固まりなのだが、どうやって三百種類も授かったのか。

答は、金銭に対して無欲でいることである。

「神様、お金は要りません。世のため人のためになるような目に見えない徳分と、人を助ける叡智をいただければいいです」

と常日頃から言っている。そして、実際に世のため人のために尽くすべく、できる限りの努力を重ねる。

そうすると神様は、

「よし、それだったら……」

ということで、お金のかわりに叡智をくださるのだ。

この叡智の塊が、さまざまな秘儀の体系である。こうしてさらに大きく徳を積む方法と力をいただいて、ますます徳を積むと、ますます叡智が授かる。こういいサイクルの中に私はいる。一度この法則をつかんでしまうと、叡智が出るから徳を積む。徳を積むからまた叡智をいただける。その叡智でまたもっと大きく徳を積む。人々を幸せにする、こういうサイクルに入れるわけだ。

だから、実質的な寿命を長くしようと思ったら、叡智がなければいけない。叡智がいただける分だけの徳を積むべく、最初の一歩を踏み出し、呼び水にする。こうすれば、叡智と徳がめぐる良いサイクルに入ることができる。それだけ大きく貢献できて、実質的な寿命は格段に長くなる。実際、年は若くても、私の神霊界での本当の姿は住吉老人（大阪の住吉大社の大神）みたいにひげが生えている。霊眼が発達している人には見えることだろう。

こういう私達のような生き方と比べて、八十六年漫然と生きて囲碁をたまに打つぐらいの、実質二十年にしか値しない一生を無事終えた人は、確かに楽だったかもしれない。しかしこの人は、せっかく他人と自分のために良かれと尽くすことができたはずの、貴重な今世の一生を無駄遣いしてしまったと同じだ。資源の無駄遣い、と良く言われるが、人の一生というのはこれほど貴重な資源はない。人の一生はお金で買えないのだから。

これは霊的にも内面的にも、重大な罪を犯したのと同じことなのだ。自殺ほどではないが、その半分くらいの重罪になる。霊界に行ったら、相当にハードな仕事を三百年はさせられる。

その人が、それでも大した事故や不幸もなく一生を終えたとしたら、それは前世までの徳がかなりあったからだ。しかし、その徳分をほとんど全部使い果たしてしまったのだ。いずれにしても、ひどくもったいない一生だったわけだ。

そういう一見幸せに見える人々には、私は頼まれてもなりたくない。今のように、いや今以上に徳を積んで叡智をもらえること、そして厳しい仕事ができることの方が、よほど幸せだからだ。

しかし、そういうぼんやりとした一生を過ごして平気でいられるというのは、その人の考え方の中に第2章で説明した怠りが深々と住みついているからで、そこに悪霊が居ついていたのである。

悪霊はそこに居座って、その人の思考、選択を安楽で怠慢な方へと絶えず誘っていたのだろう。とはいえ、長い一生の中で神様は、必ず人々に何度か立ち直るチャンスをくださっているのにこの人はそれを生かせなかったのだ。

怠慢心のために、この人は実質的に短命で終わらされてしまったのだ。

今日では医学の発達によって、日本人の平均寿命は世界一になって久しい。だからこそ、だらだらと長生きすることによって、かえって悪霊どもにつけ入られ、一生の価値を低めにさせられてしまわないよう、日本人は自戒しなければならない。

去年は百年分、今年は五百年分の精進

毎年、私たちのスタッフは神様から今年の神業テーマを言われる。ある年、私には、

「今年の一年は、普通人の百年分の修業をさせるぞ」

と神様がおっしゃった。

もちろん、「いやです」と言っても良かったのだが、それでは神様も立場がな

いだろうと思い、「わかりました」とお答えした。するとほんとに一年で百年分やらされたのだ。

寝ている間も霊界に行って救霊しているほどだった。起きているときにはいろいろなことを同時並行でこなしていた。本当に、ネコの手も借りたいほど、忙しい一年であった。もっとも、ネコの手など借りてもしょうがないので、私の場合は他人の守護霊を借りることにしている。

それでやっと、何とか百年分の修業をなしとげた。しかし、ホッとする間もなく、次の年は五百年分だという。

その次の年にはどう言われるか、ハラハラしている。人が百年かけてやる分を一年でやるのだから、これはもう叡智を振りしぼるしかない。

叡智と神力と霊力、それから自分だけでなく、たくさんの人と一緒にやれるようにする協調力だ。それで間接的にも徳積みが成り、それだけの功が世の中に残せるわけである。

こういうふうに、私の場合は一年を少なくとも百年分生きているので、顔はまだまだ若いけれども、中身は本当におじいさんだ。また、女神様がかかるとほんとに女性のようになり、ハートから感性まで女神様となる。それで誤解されたりもするけれど、本当の私というのはどんな性格なのか、そもそもあるのかないのか自分でもよくわからない。ただ、よかれという思いは神様と同じ心なので、いろいろな神霊が合体してこられる。だからこそ、その時々に合体される神様にあわせて、さまざまな個性や才能を発揮できるのだ。どこまでが自分でどこまでが神様か……などといちいち詮索すると自己分裂を起こしそうなので詮索しないで、ただただ神様と一緒にやっている。よかれという気持ちが共通だから、神様も喜んでおいで下さる。

こういう気持ちで、他力（神力）と自力が十字に組んで、人が百年かかるところを一年、千年かかるところを十年、一年のところを一カ月でやる。これができなければ神人合一の道とはいえないのだ。

だから、それだけのことができる人というのは何人分もの人生をおくることができる。ただ長生きすればいいというものではない。

肉体の寿命は、耐用年数に多少伸び縮みがあっても、五十歳で死ぬはずの人が百二十年も生きたりはしない。プラスマイナス五～六年が普通だし、一年、半年ぐらいという人もいる。だから、やはり前世の徳分と家の因縁によって肉体の耐用年数はほぼ決まっているのだが、日々の送り方と叡智によって、もっともっと密度の濃い、実質的に長い長い人生をおくることができるのだ。

長生きしようと考えたら、そういう時間の使い方、人生の使い方について、もう一度考えてみる必要があるだろう。

くり返すが、本当の長寿を目ざすには、徳と叡智とのいい循環をつくっていくということが秘訣になる。

肉体の耐用年数を五十年から百年とか、八十年を百六十年にするのは無理だが、徳と叡智があれば五十年の寿命で百年分、二百年分生きることはできる。それが神意にかなった長寿というもので、そういう人は現世でも多くの人に慕われ、尊敬を受ける。そして霊界でも高い層に行けるのだ。

憎まれっ子は何故長生きするのか?

ところで、内面と耐用年数に関係していることで、長寿の秘訣にこういう言葉がある。

「憎まれっ子、世にはばかる」

名言だと思う。寿命だけを考えると、もっと世にはばかりたかったら、憎まれっ子になればいいわけだ。なぜ憎まれっ子、世にはばかるのか。これを私は分析してみた。

憎まれっ子、世にはばかると言われるように、本当にやりにくくて我《が》が強くて自己中心でワンマンな人は、わりと長生きしている。頑固というのでガンになる人もいるが、

「ほんとにやりにくい主人で、娘のことも考えずに、言ったら言ったきり」

で、みんなから嫌われている人でも、九十何歳とか八十何歳の人がいる。

「あのお父さんのそばで、お母さんは本当に苦労して苦労して、そのために早く亡くなったんですね」

なんていうのも良く聞く。

佳人薄命というが、いい人は本当に早く亡くなって、みんなから嫌われる人ほど堂々と生きている。この憎むべき事実というものを、私は分析したのだ。なぜ

憎まれっ子が、世にはばかり、長寿なのか、と。

もちろん、人を苦しめながら長く生きた分だけ地獄で苦しむレベルも大きいのだが、とりあえず長く生きている。そう考えると、憎まれっ子には生命力がある。長いか短いかという点で、やはり憎まれっ子が長生きするのはストレスがないかららなのだ。

いい人はなぜ死ぬのかというと、憎まれっ子によるストレスをもろに受けてしまうからだ。ストレスがたまると早死にするというのは医学的にも根拠があることだ。憎まれっ子で、言いたいことを言う、やりたいことをやっているという、ワンマンでわがままでやりにくい人に対しては、周囲は本当に気を使って、ストレスがたまる。

なんと！　憎まれっ子は良い霊界に、その周りのいい人は悪い霊界に行くなんて

そういう困ったじいさんは、死んだら地獄に落ちて、心優しい先に亡くなった

おばあさんは天国に行ったに違いない、と、みなさんは期待されていることだと思う。

ところが、その反対の場合も多いのである。意外にこういう憎まれ者の人が、ある程度いい霊界に行っていることがある。絶えず明るくて朗らかで、言いたい事を言えて元気だからだ。おまけに人に全部押しつけているから悶々としない。

反対にその人に苦しめられた周りの人は、余りいい霊界に行っていないものだ。絶えず苦しみと葛藤の状態にいて、その思いの世界に合った下の霊界に行っているから、一見、すごく人がよかった人ほど霊界で苦しんでいる人が多いのは、見ていて気の毒である。

なぜこんなことが起きるのか。それは、ストレスが、人の良い人自らの御魂《みたま》（人間の中の神なる部分）を痛ましめているからである。少々心が痛むぐらいならいいが、自己の御魂まで痛めているからなのだ。

憎まれっ子の方はストレスがなく、たまにあっても絶えず発散して、自分を大切にしている。だから、自分の御魂は絶えず晴れ晴れとして発展的で、陽気で、楽しい。周囲が全部悪いんだと言っていられるからだ。それで意外にいい霊界に行く。もちろん、生前人を苦しめた業で、はじめは少々霊界で苦しむことがあったとしても、やがていい霊界へ行く。神霊世界では、発展の妙気があることが好まれるからである。

悪の心があったら地獄界ではあるが、善なる心でやりにくいという人は、霊界でそれほど苦しんでいない。逆に、すごくいい人、まじめな人、真剣な人、善人、愛情のある人の方が地獄へ行くのだ。本当に不合理なことだけれども、そうなっている。

だから、信仰心があるとか、考え方の工夫をして心を苦しめない人はまあまあいいところにいるが、周囲でその人を憎んだり、うらんだりした人は、生前の地獄のような苦しみの日々に比例した、霊界の地獄界に行ってしまう。

もちろん、それだけ絶対的にまわりに苦を与えたという人は、霊界でマイナスの得点にはなっている。しかし、世の人々の第一番目は自分であるから、自分を大切にしたという人は、それでも比較的ましな霊層にいるのだ。

いい人だけれど、ものすごくストレスをためている人は、自分を傷つけているから、神様から見たら不合格なのだ。そんな人が貢献したことといえば、憎まれっ子をいい世界に送って、憎まれつつ長生きさせたという功徳である。その分はプラスだろうけれども、絶対量から見たら自分の魂を痛めているので、神様は喜ばないのだ。そこで当然、霊界で苦しんでいる。非常に不合理だとは思う。

いくら当人が自分だけ朗らかだからと言って、人を苦しめた憎まれっ子が良い霊界に行き、苦しめられた人が下の霊界に行くとなると、これは割が合わない現実だ。「神も仏もないのか」と言いたくなる。

憎まれっ子逆襲作戦を提唱する

そこで、私はこの霊界の真実を見て、憎まれっ子逆襲作戦というものを唱えることにした。憎まれっ子が世にはばかるように、善人も世にはばかるためには、自分も憎まれるように逆襲したらいい。それでフィフティ・フィフティになる。

いい人間とか人格者というのは、見た目では「ああ、人格者でございますね」と言われているが、内面ではストレスの凝結だから霊界では苦しんでいる。だから、ある程度自分の立場というものを主張して、たまりすぎる前に発散していがみ合えばいい。宗教をやっている人というものは、いがみ合いを避けて平和を尊重する。そのために「私さえ辛抱すればいい」「私が折れたらいい」などというが、そうやってストレスをためてしまってはどうしようもない。

善人が地獄界に行き、一見悪人タイプが霊界でいいところへ行っているのはおかしいのだから、「私さえ辛抱すれば」という人は、辛抱せずにどこかで発散すればいいのだ。

相手本人が強烈に個性を持っていて、言い返したら殴られるとか、ナイフが飛んでくるなんていう場合は犬に当たるとか、猫に当たるとか、お茶碗を割るとか、ご主人の貯金を勝手におろして海外旅行に行くとか、洋服を買うとか何かするといい。「おまえ、それは困るよ」なんて言われても、「そうですかあ」くらいにはぐらかして、自分もやりにくい人間になったらいいのだ。そうして、心を苦しめないで幸せで豊かだという方がいい霊界に行く。

大体、世の憎まれっ子は、自分より我がままな人間にはえてして弱いものだ。憎まれっ子の奥さんが早く死んだら憎まれっ子もさびしいのだ。

「もうちょっといてくれたらもっと憎まれごっこできたのに、一人じゃなあ……」

という感じだ。だから憎まれっ子も、少しぐらいあなたがわがままを言っても、それであなたが長生きしてくれるなら喜ぶはずだ。

ストレスは精《せい》・気《き》・神《しん》を損なう

それにしても、ストレスというのは、どうしてこれほど人の生命を痛めつけるのか。これについても説明しておこう。

魂を苦しめると本当に短い人生になる。ストレスがかかると耐用年数が短くなるのだ。生命力の根源は精、気、神といって、精力、気力、神力である。これを後天《こうてん》の三宝と言う。生命力というのはつまるところ、精力、気力である。精力を凝結して集中すると気が充実する。その気に神が来る。神からの気である神気がやってくるのだ。この大本である精力をだめにするのが、いろいろと気を使っているること、つまりストレスだ。

心配、不安、あせり。ギリギリの資金繰りで苦しんでいると白髪が出てくるし、老《ふ》ける。お金で苦しんでいる人やストレスが多い人はシワいっぱいになる。また性的面でも、余りに精を出し過ぎている人は早死にするのだ。

だから、長寿をするのには精を凝結させるのが良いということで、煉丹の精という法が神仙道にもあるくらいだ。生命力であり生気であるから、これは余り漏らし過ぎないのがいいのだ。

貝原益軒も、『養生訓』でそのあたりのことを説いている。この精を大切にすると気が充実する。そこに神気が来るわけで、ストレスは精を損なうから、最悪なのだ。

「深刻」とは内なる神を刻み痛めること

「深刻な状況」とよくいうが、言霊でみると「神様を剋している」という意味になる。

ここでいう神様とは、みずからの中にある神様のことだ。私たちは神様の分魂をそれぞれの内に持っていて、これをご本霊《ほんれい》とか御魂《みたま》という。そして深刻に物を考える時にはみずからの内なる神を剋しているのだ。

そうあってはならないから神道では、只今《ただいま》、只今を大切にして、楽天的で発展的な生き方というものを重視する。それが自分の魂を輝かせるからだ。そんな時には守護霊、守護神も強く守護する。

例えばお金でだまされても、例えば嫁さんが逃げていっても、あるいは離婚しても、事業が失敗しても、会社はつぶれても魂は痛めないんだ、と悠然として頑張る人間には、必ず神様がほほえんでくれる。ところが、一つ失敗すると「だめなんじゃないか」と自信を喪失し、深刻に反省するものだ。これはよくない。反省の「省」とは少な目と書くが、神の道からいうと、絶えず少な目に省みて（反省はほどほどにして）、只今、只今を前向きに明るく生きていこうというのが惟神《かんながら》の道である。

何かよほど失敗した時でも、「深刻になるな！　楽天的に行け！」と自分に呼びかけていただきたい。

守護霊シェアトップは法華宗の僧

だから、日蓮上人のパワフルで前向きな姿勢は、神界に近いのだ。守護霊様というのは、先祖霊の中でも特に位が高い霊がなるものだが、守護霊業界（？）の中でのシェア・ナンバーワンは日蓮宗の僧侶だ。阿弥陀如来様にお任せしますという絶対他力の浄土宗出身の守護霊は少ない。守護霊というのはパワフルに「頑張れ」と私たちを励まして下さる方だから、日本ではパワフルな日蓮宗系の方が多いのだ。

シェアの二番目は曹洞宗の僧侶。一つの道をどこまでも貫くという特徴がやはり神界に近い。そのように、守護霊のシェア一番は法華経のお坊様、次に曹洞宗の禅宗の僧侶、次に武士となる。南無阿弥陀仏の浄土宗、浄土真宗は少ないし、女性の守護霊もかなり少ない。女性で守護霊になったという方は、かなり勝気な守護霊だ。だから、女性の方で守護霊になりたかったら勝気になればいい。

とにかくそうやって只今、只今を明るく楽天的で一生懸命に生きること。それが神意に合うのである。失敗をしたり、問題点があったり、苦労したり、挫折しても、反省は少な目でとどめて、それ以上余り深刻に反省し過ぎないことだ。発展力がなくなって、魂を痛めつける。見た目にはすばらしい人格者でも、霊界ではいいところへ行けないことになる。

少々やりにくくても、楽天的で積極的で明るい方がいいのだ。

理想の夫婦はガーガーやり合うもの

世のご夫婦というのは、お互いの関係というか、仲がよろしくないと悩んでいる方達が実に多い。聞いてみると、ご主人に完璧を望むし、夫婦の理想の像というのがあると思っていて、それに合わないからと悩んでいる。夫婦の理想の像などというのは、両方長生きして、別れないで、適当に両方が楽しんでいたらいいのにと私は思う。

とにかく、そんな理想の「おまえ百まで、わしゃ九十九まで」なんて結婚は、滅多にありはしないのに、私が見ていると、ほとんどがこの点を不満に思っていよほどの信仰力があるか、ぴったりの人でない限り無理だ。だから、夫婦げんかはして当たり前のもので、夫と妻はやりにくいものだと思っておけばよい。

百点満点の理想像を追うからストレスがたまるのだ。向こうがやりにくかったら、自分も少しやりにくい女房になり、やりにくい夫になればよい。両方充実していて、明るく元気で積極的で発展的だったら、その方がいいのだ。法律的にも拘束されているのだから、せめて魂は拘束されないようにやらないと、やがて別れたくなる。どんな人でも二十年、三十年もしたら嫌になるもので、飽きもくる。

このことをよく考えないと、私たちは内なる神を剋してしまって、いい人ほど早く死ぬ。善人ほど、苦しんで嫌な思いをするのだ。

だから、「私は結婚したら七十点の奥さんを目指そう」と思えばいい。夫が百点満点じゃないからといって、夫の欠点を改めさせようなんて努力しても、結局、ガッカリして続かなくなってしまうだけだ。また、自分も百点の妻になろうとするのはいいが、過度の無理を己に課さないことだ。毎日毎日自分は足りないなんて自分を責めていたら、ストレスがたまって胃腸が悪くなって病気になるか、あるいは離婚することになるのがおちである。

それよりも、七十点の奥さんで五十年続く方が、ご主人にとっても、本人にとっても、子供にとっても、親戚縁者にとってもよほどいいはずだ。九十点を三年ぐらいでやめるよりは、七十点の奥さんが五十年続く方が偉いのだ。残りの三十点分は、夫にとってやりにくい妻、姑、小姑にとってやりにくい嫁でいいのである。

着物も買えば、映画は行くわ、杉良太郎のところへ行けばブロマイドでキャーッ。それでいい。ご主人に全然魅力がなくて、どうしてもご主人を愛せない奥さんが、

「先生、主人に魅力がないんです。愛せないんです」

と相談にいらしたら、私は、

「じゃあ、杉良太郎のファンになったらどうですか」

とすすめることにしている。

妻としては七十点でいい。三十点ぐらいは羽目をはずして、不倫の恋に走る手前ぐらいのムードで、杉良太郎にワーッと熱狂しておけばいい。

「おまえ、また杉良太郎か」

「あんたよりいいわよ」

と言いながら、三〇%好きなことをしたらいいのだ。友達と旅行に行くわ、温泉に行くわ、バーゲンといったら買い過ぎるぐらい買ってきて「買ったあ」と。

「無駄なもの買って。おまえ、またお隣の人にあげるんだろう」

「買い物がいいのよ！」

というように、自分を幸せにしている方がいい。

この三〇%は、自分の好きなような、幸せにするために使えばいい。一〇〇%、夫から見た理想の妻なんて考えたら自分がもたないし、夫の方も気づまりでお互い破局に近づいていくものだ。姑さんから見たら嫁も、嫁から見た姑さんもそうだ。聖人君子みたいな関係を理想とするのは儒教の弊害でしかない。

七十点の妻で夫婦長寿に過ごせる

だから七十点の妻がいい。この七―三が逆になればちょっと問題ではあるけれど。三十点の妻――例えば、子供は産んでくれたけれども、ほとんど外出で家にはいないし、包丁は振り回すわなんていうと、これもだめである。

理想としては、夫婦のそれぞれの「良さ」と「よくない」のバランスが、七—三ぐらいがいい。七十点、良をいただければいいのじゃないか。八十点までくればかなり優秀な人である。

お互いにそう思って、七十点で五十年をお勧めしておく。自らの神を痛めない、ストレスをためない、これが肉体の耐用年数、それから精神的な寿命、実質人生の寿命を長くしていくために非常に重要なことだ。

寿命の神様は淡路島の伊邪那岐《いざなぎ》大神

最後に寿命の神様をお教えしておこう。最後の神頼みのお相手だ。ストレスもいっぱい、憎まれっ子にやられっぱなしでもうだめじゃないかという時に、親戚の人が「何とかあの人を助けていただけますか」と、寿命の神様にお願いしたりする。

延命地蔵尊というお地蔵さんもいるが、寿命の神様といえば、何といっても伊《い》邪那岐《ざなぎ》大神様だ。延命の神様でもある。神典『古事記』を読めばおわかりいただけるが、この神様が神を産み、国を産み、青人草を産んだ。青人草というのは人間のことだ。

この神様は、淡路島におられる。淡路島に旧官幣大社の伊弉諾《いざなぎ》神宮があって、ここが寿命の神社なのである。

九五年一月に起きた阪神大震災の震源地近くだったので、テレビのニュースにも出て、神社そのものの所在を知った人は多いと思う。あそこが寿命の神様なので、もう自分が死にそうだと思ったら、ここへ行ってお願いするといい。

私がやる寿命延ばし祈願には、太陽神界を使う方法など幾つかあるが、これは神霊世界に精通している人にしかできない。一般の人たちが寿命を延ばす祈りを捧げるには、ここで祈るのが最もよい。それほど、淡路島の伊邪那岐大神様はすばらしい延命の神徳を与えて下さる。どの神様でも命を助けてくれることはあるけれども、特にこの神様が寿命専門の神様なのだ。

ついでに触れると、阪神大震災の被害者の救援のために、我がワールドメイトからも、私と共に八十数名に及ぶボランティアが神戸に入り、救援活動を行なった。彼らは別に見返りを求めて行ったのではないが、この地震に縁浅からぬ伊邪那岐大神が、こういう善なる行いをお見逃しになるわけがない。

私達に限らず、神戸にボランティアに行った若者達も中年の人も、その善根功徳によってより良き寿命をいただけていることは、何十年後かに証されることと思う。

霊界を転移させる秘術

それから、寿命を延ばす金魚の秘儀というのがある。

私は、最近よく色紙に鯉をかいたり魚をかいたりする。これはプレゼントとして差し上げる、神気入り色紙としてのものなのだが、もらった人は、受け取った時から体が元気になって長生きするのだ。これはタリズマティックアートと言って、神霊空間につくったものを絵に描くわけだが、そこに霊域ができているのだ。

その他、『風の出る絵』というのも私は書くことが多い。風が出てくる絵というのは、この間、横尾忠則さんに見ていただいた。イラストレーター日本一の方であることはご存知だろう。

「横尾さん、風の出る絵、どうですか」

「ぜひお願いします」

とおっしゃるので書いてさし上げたら、富士山の霊界をうつした富士山の風が出てくる。

「あ、本当に出てきますね」

あの方も霊的な勉強をよくされておられる。ベストセラーになった『強運』(深見東州著/たちばな出版刊)を読まれて、ワールドメイトの方に会いたいということでいらっしゃったのだが、非常にすばらしい方だ。前世多くの徳を積んでおられる方で、その為に世界的に有名になっておられる。

普通のイラストレーターは絵をかくが、風は出ない。

それから、においの出る絵というのもあって、果物の霊を映すと本当に香りがする。だから、繁盛しない果物屋さんにこれを置いておけば「新鮮ですね」と買うかもしれない、などと変なことを考えたりもする。

風の出る絵も、においの出る絵も、神霊世界に出入りできる人なら描けるだろう。

金魚の秘法で病人の肩代わり

横道にそれたが、金魚には不思議な力があるのだ。

例えば、もう死にそうな病人がいるとしよう。おじいちゃんが死にそうで、神霊界の寿命のろうそくもすげかえできなくてヨレヨレになってしまっていて、風前のともしび状態だとする。

その風前のともしびのおじいちゃんが西山重吉さんだったら、誰かが金魚を買ってきて西山重吉という名前の金魚にするのだ。つまり同じ名前を金魚につける。大事に大事にして、「おじいちゃん、長生きしてね」と慈しんで金魚を飼う。それがおじいちゃんだと思って飼うわけだ。

そうすると、おじいちゃんと金魚の霊界がつながって、おじいちゃん金魚になってしまう。これは本当の話で、冗談ではない。

私も何人か実験してみたが、あるとき金魚が血を出してプカーと浮いていたりするのだ。血を出している。そうするとおじいちゃんの方は重病で、血を出して危ない時にさしかかっているのだ。血だらけになって死ぬ病気、例えば静脈瘤が破裂していたりする。もう一度破裂したら危ないし、ほとんど意識も、ガンが回っているんで危ない。そうすると、そういう時に金魚がプカーッとして血を出して……。金魚が身代わりになって死んでくれたのだ。

おじいさんが急死するより、金魚一匹死んでしまう方がましだろう。金魚もかわいそうだけれども、おじいちゃんが死ぬよりは絶対いい。金魚もきっと徳分を積んだことだろう。そのように、金魚というのは病人の身代わりをするのである。

金魚は、誰でも簡単に飼えるので、もし身近にそういう病人がいたら、神様に助けてくださいと祈りながらやれば効果はある。これは金魚の秘法だ。

徳を積み、ストレスをためなければ悪霊は黙る

『身代わり金魚の秘法』――たしかに、これも神徳のうちの一つではあるが、オーソドックスな方法は、先に書いた天の徳と、地の徳と、人徳をいただき、スト

レスをためないことだ。そうすると耐用年数が長くなって、実質的な有意義な日々をおくることができる。

そういうふうな生き方を心がけるのがメインで、金魚の秘法などに凝り過ぎるのはやや横道にそれている。あくまでも急病人の場合に何とかしたいという気持ちであれば、そういうのもあるという対症療法だと思ってほしい。だから緊急の場合だけ。一般的にはこういうことに凝らないでいただきたい。

ということで、なるべく健康を保ちながら、神様からいただいている寿命を長く、実質的にももっと長く充実した人生をおくっていただきたい。そうしてただ今ただ今に汗水流して努力する人には、悪霊も手出しができないのである。現実界でも、霊界に入っても悪霊をおだまりさせられる、長寿を全うした人になっていただきたいと思う。

深見東州氏の活動についてのお問い合わせは、下記までお願いいたします。
また、無料パンフレット(郵送料も無料)が請求できます。ご利用ください。

お問い合わせ フリーダイヤル
0120 0120-50-7837

◎ワールドメイト総本部
〒410-2393
静岡県伊豆の国市立花3-162
TEL 0558-76-1060

東京本部	TEL	03-6861-3755
関西本部	TEL	0797-31-5662
札幌	TEL	011-864-9522
仙台	TEL	022-722-8671
千葉	TEL	043-201-6131
東京(新宿)	TEL	03-5321-6861
横浜	TEL	045-261-5440
名古屋	TEL	052-973-9078
岐阜	TEL	058-212-3061
大阪(心斎橋)	TEL	06-6241-8113
大阪(森の宮)	TEL	06-6966-9818
高松	TEL	087-831-4131
福岡	TEL	092-474-0208
熊本	TEL	096-213-3386

(平成25年3月現在)

◎ホームページ
http://www.worldmate.or.jp

携帯電話からの資料請求はこちら

にロイヤル・モニサラポン大十字勲章受章。またカンボジア政府より、モニサラポン・テポドン最高勲章、ならびにソワタラ勲章大勲位受章。ラオス政府より開発勲章受章。中国合唱事業特別貢献賞。西オーストラリア州芸術文化功労賞受賞。西オーストラリア州州都パース市、及びスワン市の名誉市民(「the keys to the City of Perth」、「the keys to the City of Swan」)。紺綬褒章受章。

西洋と東洋のあらゆる音楽や舞台芸術に精通し、世界中で多くの作品を発表、「現代のルネッサンスマン」と海外のマスコミなどで評される。声明の大家(故)天納傳中大僧正に師事、天台座主(天台宗総本山、比叡山延暦寺住職)の許可のもと在家得度、法名「東州」。臨済宗東福寺派管長の(故)福島慶道師に認められ、居士名「大岳」。ワールドメイト・リーダー。158万部を突破した『強運』をはじめ、人生論、経営論、文化論、宗教論、書画集、俳句集、小説、詩集など、文庫本を入れると著作は270冊以上に及び、7カ国語に訳され出版されている。その他、ラジオ、TVのパーソナリティーとしても知られ、多くのレギュラー実績がある。

(130531)

深見東州(半田晴久)の人気TV番組

●「サクセス登龍門」　—夢へ!学《まな》ビジョン—

メインキャスター半田晴久が、夢に向かって真摯に生きる若者を迎え、彼らが直面する問題の解決法や、挫折から立ち上がるヒントを与える!

※詳しくは「サクセス登龍門」番組公式サイト(http://s-touryumon.com/)をご覧下さい。

(平成25年5月現在)

深見東州（ふかみ とうしゅう）

本名、半田晴久。別名、戸《と》渡《と》阿《あ》見《み》。1951年生まれ。同志社大学経済学部卒。武蔵野音楽大学特修科（マスタークラス）声楽専攻卒業。西オーストラリア州立エディスコーエン大学芸術学部大学院修了。創造芸術学修士（MA）。中国国立清華大学美術学院美術学学科博士課程修了。文学博士（Ph.D）。中国国立浙江大学大学院中文学部博士課程修了。文学博士（Ph.D）。カンボジア大学総長、政治学部教授。東南アジアテレビ局解説委員長、東南アジア英字新聞論説委員長。中国国立浙江工商大学日本文化研究所教授。有明教育芸術短期大学教授（声楽科）。ジュリアード音楽院名誉人文学博士、オックスフォード大学名誉フェローなど。カンボジア王国政府顧問（閣僚級、大臣待遇）、ならびに首相顧問。在福岡カンボジア王国名誉領事。アジア・エコノミック・フォーラム ファウンダー（創始者）、チェアマン。オペラ・オーストラリア名誉総裁。世界宗教対話開発協会（WFDD）理事、アジア宗教対話開発協会（AFDD）会長。

中国国家一級声楽家、中国国家一級美術師、中国国家二級京劇俳優に認定。宝生流能楽師。社団法人能楽協会会員。IFAC・宝生東州会会主。「東京大薪能」主催者代表。戸《と》渡《と》阿《あ》見《み》オペラ団主宰。劇団・東州主宰。その他、茶道師範、華道師範、書道教授者。高校生国際美術展実行委員長。現代日本書家協会顧問。社団法人日本デザイン文化協会評議員。社団法人日本ペンクラブ会員。現代俳句協会会員。

カンボジア王国国王より、コマンドール友好勲章、ならび

悪霊おだまり！

平成二十五年九月十四日　初版第一刷発行

著　者　美川献花
発行人　本郷健太
発行所　株式会社　たちばな出版
〒167-0053
東京都杉並区西荻南二丁目二〇番九号
たちばな出版ビル
電話　〇三-五九四一-二三四一（代）
FAX　〇三-五九四一-二三四八
ホームページ　http://www.tachibana-inc.co.jp/

印刷・製本　萩原印刷株式会社

ISBN978-4-8133-2484-3

◆悪霊を祓う方法を詳しく伝授。
自分でできる悪霊退散の極意とは。

悪霊おだまり！

美川献花（又の名を深見東州）

悪霊にまけちゃだめ！　悪霊の手口を知って、悪霊を追い払う極意がすべてわかる。

定価850円

◆フランスと関係ない恋愛論を詳しく伝授。

パリ・コレクション

ピエール・ブツダン（又の名を深見東州）

恋はこんなに素敵なもの、モテなかったあなたが、恋愛も結婚も自由自在に。

定価850円

◆あなたの悩みを一刀両断に断ち切る！

解決策

三休禅師（又の名を深見東州）

一休禅師の三倍面白い三休禅師の、胸のすく答え満載。瞬間に悩みが消える。

定価850円

〈名著復刻シリーズ・近刊予定〉

◆果たして、死ぬ十五分前にこの本が読めるかどうか…。

〈カラー版〉

死ぬ十五分前に読む本

深見東州

死の不安が消えて安らかに眠れる、大往生の名言集。これを読まずに死ねるか！

予価1200円

この中には、
悪霊を追っぱらう、不動明王のパワーを放出する
ミラクル㊙文字が入っています。

不動明王の利剣増幅ロゴ

〈美川献花・作〉

〈特別付録〉袋とじページ（▼ここを切ってください）

〈特別付録〉袋とじページ（▶ここを切ってください）

この袋とじの中には、
あなたに近づく邪気、悪霊を追っ払い
不運、災難から身を守る、
不動明王のパワーを放射する
ミラクルロゴマークが
入っています。
大いに活用し、幸せを
獲得してください。

★不動明王の利剣増幅ロゴの特長

1、あなたに近づく邪気、悪霊を追っ払う

2、不動心がつく

3、意志強固となる

4、怖れずに、燃えて立ち向かえば勝つ

5、邪気の多い所を浄める

※使い方——・このロゴマークから剣が飛び出し、邪気、悪霊を追っ払っていると確信しつつ、このロゴマークをジッと最低でも一分間は見つめる

・目の奥から、自分の潜在意識の中にマークが刻印されるようなイメージで見る

・見続けた後、パワーが全身を包み、その光で邪気、悪霊は近寄れない、という意識を強く持つようにする

・普段は、部屋のよく目に止まる所に貼っておくのもよい

『不動明王の真言』
を危ない時には唱えよ

ノ
ダ
ソ

不動明王の